U0798124

高等医学院校系列教材

健康运动学实训

主　　编　郭丽君　牟红安　董恩宏

主　　审　鲍　勇

编　　委（按姓氏汉语拼音排序）

董恩宏　郭丽君　牟红安

万广圣　王晶晶

科 学 出 版 社

北　京

内 容 简 介

本教材是高等医学院校健康服务与管理专业健康运动学课程的配套实验教材。本教材涵盖7大模块，包括节律运动学、功能运动学、运动保健学、运动营养学、运动损伤急救、健康体适能及运动处方等模块，共包含34个实训内容。

本教材除可供高等医学院校健康服务与管理专业本、专科学生教学使用外，还可作为养老服务与管理专业、健康服务业以及健康产业等专业学生的教学参考用书。此外，对高等、中等学校体育教师及教练员、健身指导员和有关医务、卫生保健人员也有较好的业务参考价值。

图书在版编目（CIP）数据

健康运动学实训 / 郭丽君，牟红安，董恩宏主编. -- 北京：科学出版社，2025. 4. --（高等医学院校系列教材）. -- ISBN 978-7-03-081630-6

Ⅰ. G883

中国国家版本馆 CIP 数据核字第 20254HG079 号

责任编辑：胡治国/责任校对：宁辉彩
责任印制：张　伟/封面设计：陈　敬

科学出版社 出版
北京东黄城根北街16号
邮政编码：100717
http://www.sciencep.com

涿州市般润文化传播有限公司印刷
科学出版社发行　各地新华书店经销
*
2025年4月第　一　版　开本：720×1000　1/16
2025年4月第一次印刷　印张：9 1/2
字数：191 000

定价：49.80 元

（如有印装质量问题，我社负责调换）

序

健康服务与管理专业是2016年教育部批准的新专业，为了提高各院校人才培养的质量，该课题组组织编写了《健康运动学》。这次撰写的《健康运动学实训》是它的配套教材。该配套教材涵盖7大模块，包括节律运动学、功能运动学、运动保健学、运动营养学、运动损伤急救、健康体适能及运动处方等模块，共包含34个实训内容。

该教材以社会需求为导向，紧紧围绕健康服务与管理等专业的人才培养目标设计教材内容，避免各教材之间的内容重复。它涵盖了健康服务与管理专业运动疗法所需要的技能，突出了本教材的实用性、可操作性、针对性及其科学性。

中华医学会健康管理学分会主任委员

2024年3月12日

前　言

《健康运动学实训》是健康服务与管理专业“健康运动学”课程的配套实验教材。本教材是对我国普通高等学校健康服务与管理专业人才培养模式和课程体系进行的系统研究、探索，以及从面向21世纪健康服务与管理专业人才培养的实际出发编写的，也是在适应高等教育改革、全面提升学生素质、注重学生实践能力培养要求下撰写的。

“健康运动学”课程除了32学时的理论教学外，还有16学时的实训课。实训内容的编写主要按照美国运动医学会体适能分类标准进行。其中，健康体适能中主要介绍了心肺耐力、肌肉力量与肌肉耐力、关节柔韧度及身体成分。此外，还包括节律运动、功能运动、运动保健、运动营养、运动损伤急救以及运动处方等测试模块。

本教材得到了中华医学会健康管理学分会社区健康管理学组、中华医学会健康管理学分会教育与培训学组、中华预防医学会社会医学分会社区卫生学组、中国医药生物技术协会卫生技术评估专委会、上海交通大学健康长三角研究院、上海市中西医结合学会社区医学专委会、上海市医学会健康管理学专科分会、上海市康复医学会健康管理专委会、上海健康医学院及新乡医学院等单位的大力支持，一并感谢。

同时，本教材还得到了国家重点研发计划“主动健康和老龄化科技应对重点专项（科技部）”、国家自然科学基金重大项目“大数据驱动的管理与决策研究”（91646205）、上海健康医学院护理与健康管理学院学科团队建设项目（22HGXKTD001）及上海中医健康服务协同创新中心研究项目等基金的支持。

鉴于该学科在各个方面还有许多问题要深层次研究，因此内容中难免存在一些疏漏，敬请读者谅解。

上海交通大学健康传播发展中心主任兼首席科学家
上海交通大学中国城市治理研究院双聘教授
上海交通大学行业研究院医疗健康信息化行研团队专家

2024年3月12日

目　　录

第一模块　节律运动学

实训 1　主观用力等级测评运动适宜度

运动适宜度的评估指标可以分为主观指标和客观指标，两类指标需要结合起来进行使用，才能体现运动适宜度的科学性和适用性。人体运动时的主观用力与工作负荷、心功能、耗氧量、代谢物堆积等因素相关。因此，运动时的自我体力感觉是判断运动性疲劳的重要指标。

一、测试方法

令受试者做递增性功率自行车或固定跑台运动，并放置一块带有主观用力等级（rating of perceived exertion，RPE）表的木板，对受试者进行测试。受试者在运动过程中每增大一次强度或间隔一定时间便指出自我感觉等级，表中的等级乘以 10 即为受试者完成该负荷的心率。根据这种办法，可以大概确定运动强度的范围。一般情况，在稍累和轻松的状态下所对应的心率是受试者的适宜度范围，详见表 1-1。

表 1-1　主观用力等级（RPE）表

自我感觉	主观用力等级	自我感觉	主观用力等级
根本不费力	6、7	累	16、17
极其轻松	8	很累	18
很轻松	9、10、11	极累	19
轻松	12、13	精疲力竭	20
稍累	14、15		

二、判断标准

瑞典生理学家冈奈尔·鲍格（Guenzel Borg）根据心理学原则制定的一种判断运动过程中疲劳的主观用力等级表，主观疲劳程度从 6 至 20 分分为 15 个分数级别。如 RPE 为 12 时，心率约为 120 次/分。

中等运动强度应该控制在主观用力等级表的 12～13 分（轻松）。RPE 主观报告分数不仅能表示整个机体的主观疲劳感受，而且可以反映局部肌肉疲劳状态，详见表 1-2。

表 1-2 主观用力等级与客观的最大心率范围、最大摄氧量及运动强度范围的对应关系

主观用力等级（RPE）	最大心率范围	最大摄氧量或最大心率储备范围	运动强度
＜9	＜35%	＜30%	较低强度
10～11	35%～59%	35%～49%	低强度
12～13	60%～79%	50%～74%	中等强度
14～16	80%～89%	75%～84%	大强度
＞16	≥90%	≥85%	最大强度

实训 2 体质指标测定运动适宜度

体质测试评价可借助于仪器设备，定量地评价人体形态、素质、功能情况。也可比较锻炼前后两次体质测试结果，间接地评价运动适宜度是否合理。

一、测定方法

体质指标测定是通过单项评分和综合评级两方面进行的。单项评分指标包括人体形态、功能和素质三类（表 1-3），采用 5 分制。综合评级是根据受试者各单项得分之和确定，共分四个等级（表 1-4）。任意一项指标无分者，不进行综合评级。

表 1-3 运动适宜度的单项评分

类别	20～39 岁	40～59 岁
形态	身高、体重	身高、体重
功能	肺活量、台阶试验	肺活量、台阶试验
素质	握力、俯卧撑（男）、1min 仰卧起坐（女），纵跳、坐位体前屈、选择反应时，闭眼单脚站立	握力、坐位体前屈、选择反应时，闭眼单脚站立

表 1-4 运动适宜度的综合评级

等级	得分（20～39 岁）	得分（40～59 岁）
一级（优秀）	＞33 分	＞26 分
二级（良好）	30～33 分	24～26 分
三级（合格）	23～29 分	18～23 分
四级（不合格）	＜23 分	＜18 分

二、判断标准

在按照某一种练习方法、强度、次数及节律锻炼后，评估体质指标前后变化，其体质指标得分提高，则视为该运动处方合乎该锻炼者的需要，达到或向着运动适宜度方向发展；反之，则认为该运动处方没有向着运动适宜度的方向发展。

1. 体重 开始运动阶段体重下降，但 1～2 天后能恢复正常。如果体重持续

下降，并伴有其他异常现象，表示健康状况不良或运动强度过大。

2. 肺活量　如果没有其他特殊原因，运动后肺活量平均值低于运动前水平，或几次测定值连续下降，即为运动不适宜；如果运动后肺活量平均值逐渐高于运动前水平，或几次测定值连续升高，即为运动适宜。

3. 反应时　是指刺激信号（光、声音等）出现后，机体迅速做出反应的最短时间，分为简单反应时和选择反应时。疲劳时反应时明显延长，特别是选择反应时延长更明显，表明大脑皮质分析功能下降。

实训3　生理指标测定运动适宜度

一、心率测定运动适宜度

心率能反映机体对即时运动量的承受情况，也是评定运动性疲劳最简易的指标。若锻炼后安静时脉搏比平时明显增加或不稳定，并长时间不能恢复，表明前期的运动强度可能不适宜。心率测定方法有心音听诊法（心率直接测量法）、指触法（心率间接测量法）和心率遥测法（电测量法）。

1. 方法与步骤及判断标准

（1）基础心率：是基础状态下的心率（清晨、清醒、起床前、静卧时的心率），一般用脉搏表示。受试者静坐5min，可采用心前区听诊法直接测量心率；指触法测量脉搏时，通常将示指、中指和无名指放在受试者一侧桡动脉处，先以10s为单位，连续测量3个10s，其中，两次相同并与另一次相差不超过1次时，即为相对安静状态。

正常成年人安静时心率为60～100次/分，平均约为75次/分。一般来说，高于100次/分为心动过速，低于60次/分为心动过缓。长期运动训练可使心动变缓。

机体功能正常时基础心率相对稳定，如果大负荷运动后，经过一夜的休息，基础心率较平时增加5次/分以上，则认为有疲劳累积现象。如果连续几天心率不能恢复，则应调整运动负荷。

（2）运动中心率：运动过程中心率测量常可采用自动心率记录仪（POLAR）遥测心率方法，或用运动后即刻心率代替运动中心率。令受试者按节拍器节律（30次/分）以2s一次的速度连续做蹲起运动3min，然后取坐位，即刻使用自动心率记录仪进行测定，首先将心率传输带固定在胸前，再将运动心率表戴在手腕上。开动POLAR的“确认”键，心形符号开始闪烁，心率在15s内显示，再按“确认”键，秒表开始计时。按动“停止”键，秒表功能停止，再按“停止”键，心率测量将会停止。将运动心率表和心率传输带取下。启动分析软件，选择菜单上“连接心率表”按钮，通过红外线接口将心率值下载到计算机，对整个运动前后的心率变化进行分析。

按照训练-适应理论，随着运动水平的提高，完成同样运动负荷时，心率有逐渐减少的趋势。运动时运动强度与心率呈正比关系，一般情况下，如果从事同样强度的定量负荷，运动中心率增加，则表示身体功能状态不佳。

（3）运动后恢复心率期：令受试者按节拍器节律（30 次/分）以 2s 一次的速度连续做蹲起运动 3min，然后取坐位，测定运动后 2min、4min 和 6min 的脉搏，即为运动后恢复期心率。

人体进行一定强度的运动后，经过一段时间的休息，心率可恢复到运动前状态，身体疲劳时，心血管系统功能下降，可使运动后心率恢复时间延长。因此，可将定量负荷后的心率恢复时间作为疲劳诊断指标。

2. 实验设备与药品　听诊器、节拍器、秒表、POLAR、酒精棉球等。其中，POLAR 由运动心率表、心率传输带、红外线接口和 Polar Precision Performance 分析软件组成。

（1）运动心率表：测量时戴在手腕上，可按测试要求接收心率信息，显示并储存，也可将个人设定的运动信息输入心率表，便于运动后分析运动档案，其心率监测的精确度在±1% 或 1 次/分（图 1-1）。

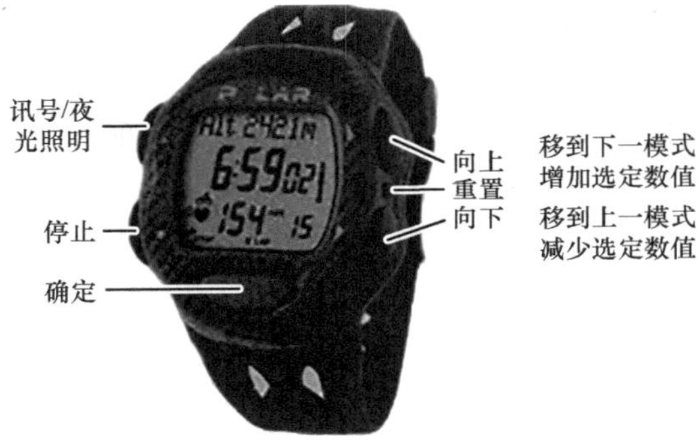

图 1-1　POLAR 运动心率表

（2）心率传输带：包括传感发射器和胸带。传感发射器感应心率变化，并将其信息发射到运动心率表上，胸带将传感发射器固定在胸前，两端为锁扣，中间为松紧带，可调节长度。

（3）红外线接口：可将心率表采集到的心率值传输到计算机上，再通过软件进行分析。

（4）Polar Precision Performance 分析软件：对输入的心率值建立档案，编辑信息，检测心率，编写运动日志，还可以以图表形式报告训练时间、心率区内时间、距离及平均心率、运动次数和总用力次数、步数等。

二、血压体位反射测定运动适宜度

人体动脉血压测量可采用听诊器法和自动血压测量仪法。通常血液在血管内流动时没有声音，但如果血液流经狭窄处形成涡流，则发出声音。听诊器法测量血压的部位为上臂肱动脉，将血压计的压脉带充气，通过动脉外加压，根据血管音的变化来测量血压。从无声音到刚刚听见的第一个动脉音时的外加压力相当于收缩压，动脉音突然弱时的外加压力相当于舒张压。

运动后测量血压有助于观察心血管功能变化及恢复和推测运动量，是判读运动性疲劳的重要方法。大负荷运动后，自主神经系统调节功能因疲劳而下降，使血管运动的调节发生障碍。血压体位反射主要是测定心血管系统调节功能。

1. 测试方法

（1）受试者取坐位，安静 5min 后测量血压。

（2）受试者随即仰卧并保持卧姿 3min。

（3）使受试者返回坐姿（推受试者背部使其被动坐起，不能让其自己坐起）。

（4）立即测量血压，并每隔 30s 测一次，共测 2min。

2. 评价方法

（1）2min 内血压完全恢复为正常，没有疲劳。

（2）2min 内血压恢复一半以上为调节功能欠佳，轻度疲劳。

（3）2min 内血压完全不能恢复为调节不良，疲劳较深。

11～65 岁中国人安静时的血压平均值如表 1-5 所示。正常人安静时收缩压为 100～120mmHg，舒张压为 60～80mmHg。安静时，收缩压≥140mmHg 和（或）舒张压≥90mmHg 视为高血压；收缩压≤90mmHg，舒张压≤50mmHg，视为低血压。

表 1-5　11～65 岁中国人安静时的血压平均值　（单位：mmHg）

年龄（岁）	男性		女性	
	收缩压	舒张压	收缩压	舒张压
11～15	114	72	109	70
16～20	115	73	110	70
21～25	115	73	111	71
26～30	115	75	112	73
31～35	117	76	114	74
36～40	120	80	116	77
41～45	124	81	122	78
46～50	128	82	128	79
51～55	134	84	134	80
56～60	137	84	139	82
61～65	148	86	145	83

3. 实验设备与药品　听诊器、血压计、酒精棉球等。通常血压计有汞柱式

（图 1-2）、弹簧式和电子式。一般用汞柱式，它由标有压力刻度的检压计、压脉带和橡皮充气球 3 部分组成。

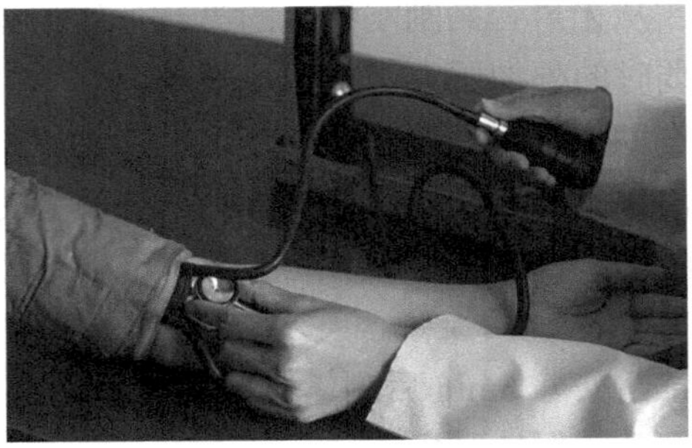

图 1-2 汞柱式血压计血压测量法

三、实验报告（表 1-6）

表 1-6 安静与运动后脉搏、血压测定

姓名________ 年级________ 班级________ ________年____月____日

实验结果：

1. 受试者一般情况

姓名：	性别：	年龄：
身体状况：	运动专项：	训练程度：

2. 测量结果

观察项目	安静时	运动后			
		即刻	2min	4min	6min
脉搏（次/分）					
血压（mmHg）					

分析与评定：

考试成绩及评语：

教师签名：____________

________年____月____日

实训 4 生物电阻抗测试运动适宜度

生物活组织的一个基本特征就是具有生物电的特性，它是生物正常生理活动的表现。生物电是生物的器官、组织和细胞在生命活动过程中发生的电位和极性变化。它是生命活动过程中的一类物理-化学变化。

一、实验原理

生物电是有规律的，一定的生理过程对应着一定的电反应。因此，依据生物电的变化，可以推知生理过程是否处于正常状态，如心电图、脑电图、肌电图等生物电信息的检测等，当把一定强度、频率的电信号传输到特定的组织部位后，根据反馈信号，可以了解其生理状态。

生物电阻抗分析法是进行人体成分（体脂肪量、肌肉）分析的一种方法。体内脂肪几乎不能让电流通过，而肌肉中含有大量的水分，从而能很容易地通过电流。电阻抗表示电流通过某一种物质的难易程度，由电阻抗的测量数据就可以推算出体脂率及身体其他成分参数。通过测量脂肪与肌肉的变化情况，可以直观反映一段时间运动是否对机体产生了预期结果及运动的适宜度。

二、测试仪器

测量脂肪与肌肉的变化情况，可评估一段时间运动是否对机体产生了预期效果。图 1-3 是人体成分测试仪。

图 1-3　人体成分测试仪

三、操作方法

（1）正确接插连线、开机、调试系统校准，足部电极板平衡校准。

（2）擦净电极手柄和足部电极板，保证电极板上没有水气和异物。

（3）脱掉袜子，保持足部清洁无汗，使脚底充分地和电极板接触。

（4）静止站立于足部电极板上，在液晶显示屏上通过手触输入测试者的自然情况（包括体重、身高、年龄、性别）。

（5）当正确输入数据后，仪器会提示“抓住电极手柄伸直手臂”，进而开始测试。

（6）测试结束后，液晶显示屏会显示一系列的分析结果，分为偏低、理想、偏高。测试者可以查看自己身体成分各参数水平，测试结果供参考。

四、实验报告

人体成分分析报告的形式根据人体成分测试仪的型号不同而不同。

第二模块　功能运动学

实训 5　功能性动作筛查

功能性动作筛查（FMS）分为 7 个动作模式，即深蹲、跨栏步、直线弓步、肩部灵活性、主动直腿抬高、躯干稳定性俯卧撑和旋转稳定性。深蹲和躯干稳定性俯卧撑是对称性动作。跨栏步、直线弓步、肩部灵活性、主动直腿抬高、旋转稳定性是非对称性动作，需要左右测试。

一、实验器材

功能性动作筛查（FMS）套装 1 套。

二、实验方法

（一）深蹲

1. 测试目的　深蹲可以检测身体两侧的对称性，髋部、膝盖及脚踝的灵活性。双手上举木杆可以检测身体两侧的对称性，以及肩部、胸椎的灵活性和对称性。

2. 动作说明　站立开始，双脚开立与肩同宽，双手头上握杆，屈肘 90°，大臂和木杆与地面平行；双手抓木杆在头后最大限度伸直手臂；慢慢做下蹲姿势，下蹲过程中，脚后跟不要离地（如果无法实现，可在脚跟下垫一块木板），抬头挺胸向前，木杆始终在头后。有 3 次机会完成测试动作。

3. 评分标准　3 分是指躯干与胫骨平行或接近与股骨垂直，股骨低于身体水平线，膝与脚呈一条直线，木杆在脚的正上方。2 分是指不能完全满足以上条件，但仍能完成动作，或在足跟下加垫木板的前提下能完成动作。1 分是指躯干与胫骨不平行，股骨没有低于身体水平线，膝与脚不呈一条直线，腰部明显弯曲。0 分是指测试过程中身体任何部位出现疼痛。

（二）跨栏步

1. 测试目的　跨栏步可以检测髋、膝、踝的对称性、灵活性和稳定性，以及其两侧的对称性。

2. 动作说明　站立开始，双腿开立与肩同宽，栏杆高度与受试者的小腿胫骨粗隆齐平，木杆放于颈后肩上，双脚平行站于栏架下，脚趾处于栏架正下方；受试者单腿跨过栏杆，腿伸直，脚后跟着地，重心在支撑腿上，支撑腿不能弯曲，然后回到起始姿势；动作过程要尽量慢，两侧交替进行测试，每侧做 3 次；记录单侧完成情况并比较两侧之间的差异。

3. 评分标准　3 分是指髋、膝、踝在矢状面上呈一条直线，腰部没有明显移动，木杆与栏架保持平行；2 分是指髋、膝、踝在矢状面上不呈一条直线，腰部有移动，木杆与栏架不平行；1 分是指脚碰到栏板，身体失去平衡；0 分是指测试过程中身体任何部位出现疼痛。

（三）直线弓步

1. 测试目的　直线弓步可以检测身体两侧的灵活性和稳定性，以及踝关节和膝关节的稳定性。

2. 动作说明　首先测量受试者胫骨的长度。受试者将右脚放在宽 15cm、长 150cm 的测试板最后端，将木杆放在背后并始终保持与头、腰椎或骶骨接触，右手抓住木杆的上方，左手抓住木杆的底部；测试者在受试者右脚趾头处开始测量其胫骨长度，并在木板上做个标记；受试者左脚向前迈一步，将脚后跟放在记号处，然后慢慢下蹲，右膝碰触左脚后的木板（前腿膝关节不可主动前倾）。在测试过程中双脚必须在一条直线上，脚尖指向运动方向。每侧有控制地做 3 次练习，比较单侧完成情况及两侧之间的差异。

3. 评分标准　3 分是指木杆仍保持与头、腰椎或骶骨接触，躯干没有明显移动，木杆和双脚仍处于同一矢状面，膝盖接触木板；2 分是指木杆不能保持与头、腰椎或骶骨接触，躯干有移动，两脚没有处于同一矢状面，膝盖不能接触木板；1 分是指身体失去平衡；0 分是指测试过程中身体任何部位出现疼痛。

（四）肩部灵活性

1. 测试目的　主要是检测肩关节内收、内旋和外展、外旋能力，以及肩关节两侧的对称性。

2. 动作说明　首先测量受试者手腕最远端折线到中指指尖的距离；受试者双手始终握拳（大拇指在内），肩部最大限度外展内旋在后，一手从颈后、一手从腰部，相互靠近，测量受试者双拳之间的距离。每侧各做 3 次，比较单侧完成情况及两侧之间的差异。动作测试后，测试者还需进行肩关节疼痛排除性测试，其动作要求测试者将一侧手放在对侧肩上，按住并向上抬肘至最大幅度，其间手掌不能离开肩部，如上抬过程中出现疼痛，则肩关节灵活性测试为 0 分。

3. 评分标准　3 分就是距离在一个手掌长以内；2 分是指距离在一到一个半手掌长；1 分是指距离超出一个半手掌长；0 分是指测试过程中身体任何部位出现疼痛。

（五）主动直腿抬高

1. 测试目的　主动直腿抬高测试是当骨盆保持在固定位置时，检测腘绳肌的主动收缩能力和小腿肌肉的柔韧性。

2. 动作说明　测试者仰卧开始，手放在身体两侧，掌心向上，在受试者膝盖下放置宽 15cm、长 150cm 的测试板，测试者首先确定受试者髂前上棘到髌骨的中点；受试者抬起左腿，伸直膝盖，勾脚尖。在测试过程中，另一侧膝盖保持在板上，双肩保持在垫子上。当受试者测试动作到最大限度时，穿过踝关节中点与地面作垂线，记录垂线在地面上的位置。每侧做 3 次，比较单侧完成情况及两侧间差异。

3. 评分标准　3 分是指标记点位于大腿中点与髂前上棘间；2 分是指标记点位于大腿中点与膝关节中点间；1 分是指标记点在膝关节以下；0 分是指测试过程中身体任何部位出现疼痛。

（六）躯干稳定性俯卧撑

1. 测试目的　躯干稳定性俯卧撑测试是上肢在做对称运动俯卧撑时躯干在矢状面的稳定性及肩关节的力量。

2. 动作说明　受试者由俯卧位开始，双手打开与肩同宽放于适当位置，膝盖充分伸直；受试者做一次标准的俯卧撑，要求身体应整体推起，测试中脊柱不要晃动，没有塌腰。如果受试者不能很好地完成姿势，可以降低难度再做一次。在可以完成动作的位置上做 3 次。测试后还需做躯干稳定性俯卧撑的疼痛排查，受试者俯卧，双手将躯干撑起，头部后仰，髋关节以下仍然保持压在地面上，如动作出现疼痛，则本测试计 0 分。

3. 评分标准　3 分是指在规定姿势下能很好地完成动作 1 次；男受试者的拇指与前额在一条线上，女受试者的拇指与下颌在一条线上。2 分是指在降低难度的姿势下能完成动作 1 次；男受试者的拇指与下颌在一条线上，女受试者的拇指与锁骨在一条线上。1 分是指在降低难度的姿势下也无法完成动作或者出现动作代偿。0 分是指测试过程中身体任何部位出现疼痛。

（七）旋转稳定性

1. 测试目的　身体旋转稳定性测试可以检测躯干在上下肢共同运动时多维面的稳定性及其两侧的对称性。

2. 动作说明　受试者从跪撑姿势开始，肩、髋关节与躯干成 90°，屈膝 90°，勾脚尖；在膝盖和手的下方放置宽 15cm、长 150cm 的测试板，受试者伸展同侧肩和髋，腿和手离地约 15cm 高，抬起侧的肘、手和膝盖要与测试板在一条直线上，躯干与测试板保持平行，然后屈肘、屈膝相触，每侧做 3 次。测试后还需进行跪姿下腰伸展或体前屈的脊柱排除性测试，受试者双膝跪坐在地面，手臂前伸，肩关节打开，臀部坐于后脚跟处，躯干下压，如果出现疼痛，则本测试计 0 分。

3. 评分标准　3 分是指受试者进行重复动作时躯干与木板保持平行，肘和膝接触时同木板在同一条直线上；2 分是指受试者能够以异侧对角的形式正确完成动作；1 分是指受试者身体失去平衡或者不能正确完成动作；0 分是指测试过程中身体任何部位出现疼痛。

三、功能性动作筛查（FMS）评分记录表（表 2-1）

表 2-1　FMS 评分记录表

姓名：__________　年级：__________　班级：__________　学号：__________

内容：________　身高：________　体重：________　年龄：________　性别：________　日期：________

序号	测试项目	原始评分	最终评分	总得分
测试 1	1. 深蹲	3 2 1 0		
测试 2	2. 跨栏步	左：3 2 1 0	左：	
	胫骨长（　）cm	右：3 2 1 0	右：	
测试 3	3. 直线弓步	左：3 2 1 0	左：	
	胫骨长（　）cm	右：3 2 1 0	右：	
测试 4	4. 肩部灵活性	左：3 2 1 0	左：	
	手掌长（　）cm	右：3 2 1 0	右：	
排除性测试 1	左肩	左：3 2 1 0	左：	
	右肩	右：3 2 1 0	右：	
测试 5	5. 主动直腿抬高	左：3 2 1 0	左：	
		右：3 2 1 0	右：	
测试 6	6. 躯干稳定性俯卧撑	3 2 1 0		
排除性测试 2	伏地起身	3 2 1 0		
测试 7	7. 旋转稳定性	3 2 1 0		
排除性测试 3	跪姿下腰伸展	3 2 1 0		

总分：________/33 分，测试者：________

考试成绩及评语：

教师签名：____________

________年____月____日

实训 6　Y 平衡测试

Y 平衡（Y-balance）测试是一种综合功能性测试，分为下肢 Y 平衡测试与上肢 Y 平衡测试。主要用于测试动态情况下身体平衡能力及姿势控制能力，运动伤病预防性筛查、下肢康复与重返赛场评定等。

一、实验器材

Y 平衡测试板。

二、实验方法

1. 上肢测试　受试者呈俯卧撑姿势，双脚与肩同宽。一侧手置于 Y 平衡测试板上，手指并拢，拇指与红色标志线平齐，手放在线的标签一侧。开始时，受试者用另一只手触碰测试滑块内侧，依次分别将其推向外侧方、下后方和上对侧方向尽可能远的距离，并记录该距离，测试需进行 3 次，记录最高值，之后换另一侧进行。两次之间可以有间歇，一旦在测试中不能保持单手平衡、将支撑手抬起或从测试板上移开、触碰手着地、触碰手未能回到起始点或未能与测试板接触则需要重做一次触碰动作。

2. 下肢测试　受试者单腿站立在测试板上，脚的拇趾垂直正对红色标志线。开始时，一侧腿触碰测试滑块内侧分别将其推向前上侧、后外侧和后内侧方向尽可能远的距离，并记录该距离，测试需进行 3 次，记录最高值，之后换另一侧进行。两次之间可以有间歇，一旦测试中未能在平台上保持单腿站立姿势（如伸出脚触底），或未能使伸出脚与目标区域内的滑块保持接触，或使用伸展滑块帮助保持站姿，或未能在保持平衡的情况下将伸出腿收回到起始位置则认为没有完成测试，需要重新进行。

三、评价标准

由于受试者年龄、身高、性别和所从事运动项目的不同，因而很多时候 Y 平衡测试的结果是自身对照，关注左右侧的差距和阶段训练前后的差距以及三个方向上的差距。Y 平衡测试记录表见表 2-2。

1. 上肢的测试中，三个测试方向上，左右手测试结果差距不应该超过 4cm。

2. 下肢的测试中，在向前上侧方向伸出时，左右腿伸出距离对比，最大差不应超过 4cm。在向后外侧与后内侧方向伸出时，左右腿伸出距离的对比，最大差不应超过 6cm，见表 2-2。

表 2-2　Y 平衡测试记录表

姓名：__________　　年级：__________　　班级：__________

学号：__________　　总得分：__________　　日期：__________

测试项目		得分标准	
1. 上肢		实际距离差	评估标准
左侧、外侧方=	右侧、外侧方=	左右差=	左右侧手测试结果差距不应该超过4cm
左侧、下后方=	右侧、下后方=	左右差=	
左侧、上对侧方=	右侧、上对侧方=	左右差=	
左侧总得分=	右侧总得分=	左右差=	
2. 下肢			在向前上侧方向伸出时，左右腿伸出距离对比，最大差不应超过4cm。在向后内侧与后外侧方向伸出时，左右腿伸出距离的对比，最大差不应超过 6cm
左侧、前上侧方=	右侧、前上侧方=	左右差=	
左侧、后外侧方=	右侧、后外侧方=	左右差=	
左侧、后内侧方=	右侧、后内侧方=	左右差=	
左侧总得分=	右侧总得分=	左右差=	

考试成绩及评语：

教师签名：__________

______年____月____日

实训7　动作准备

动作准备分为四个部分：肌肉激活、动态拉伸、动作整合、神经系统激活。其与传统热身方式不同之处在于，动作准备不仅是一项简单的热身活动，而且是把它看成一个整体性的训练方式，动作遵循由简单到复杂，由静态到动态，由双脚站立到单脚支撑，由动作的单一平面到多维度，由神经肌肉的单一反应到复合反应，包括关节、肌肉、韧带等的针对性练习，使练习者在运动中能够最大限度地合理发挥身体的各项能力。

一、动作准备原理

（一）肌肉激活原理

肌肉激活是指为训练或比赛提供一种高效的、系统的、有针对性的热身方法，以满足专项练习的特殊需要。肌肉激活的目的在于提高肩部、腰部和骨盆周围肌肉参与维持身体稳定的能力，以及臀大肌发力的意识。其练习内容包括臀部激活和脊柱激活等。肌肉激活可使核心部位的肌肉温度升高，加快血液流动速度，增强身体的控制力，提高自我纠正动作的能力，减少运动损伤的发生率。通过一系列加强动作稳定性的肌肉激活练习，为多关节运动提供躯干核心的稳定性支撑，减少能量消耗。

（二）动态拉伸原理

无论是主动动作还是被动动作，都基于伸展反射的神经生理现象。人体的每块肌肉都有各种类型的感受器，它们一受到刺激就会将刺激传送给中枢神经系统，中枢神经系统则指挥肌肉做相应的反应。

动态拉伸是指采用与专项技术动作相似的动作，通过肢体快速或慢速的运动，增加关节活动幅度。动态拉伸避免了牵张反射，易于控制，并且有助于提高准备活动时的身体温度。动态拉伸时，多个关节活动能整合到单个动作中，整个过程中肌肉并不放松，而是积极进行拉伸活动。

动态拉伸在训练中不仅能起到对韧带、肌肉的拉伸刺激作用，还能提高对身体的控制能力，加强本体感觉，增加运动幅度，防止损伤发生，比静力性拉伸负荷要大。

（三）神经系统激活原理

神经系统是参与发出指令、控制和协调全身各种活动的中枢系统。神经系统激活是身体功能损伤预防训练区别于传统运动损伤预防训练的一个重要标志，通过神经系统激活可以使练习者在短时间内快速提高神经系统的兴奋性和神经-肌肉之间的传导速度。传统热身运动很重视肌肉激活或练习，但较少涉及神经系统的激活。

二、肌肉激活的方法与步骤

1. 迷你带—髋关节双侧开合

教学目标：激活臀部肌群和核心肌群。

动作要领：锻炼者呈基本站姿，迷你带置于膝关节上方，双脚与肩同宽或略宽于肩，双膝微屈、双手置于腰间，双侧膝外展保持 2s，恢复至起始姿势。

训练方法：练习时目光找准参照物，保持身体平衡；要求学生按照教师口令节奏完成练习。

2. 迷你带—运动姿纵向走

教学目标：激活臀部肌群。

动作要领：锻炼者呈基本站姿，迷你带置于膝关节上方，双脚之间的距离与肩同宽，左脚在前，右脚在后，双膝微屈，右腿发力蹬地，左腿向前跟进，双臂自然摆动。当向后移动时，前脚脚掌用力蹬地，后面的腿跟退，双臂自然摆动。

训练方法：练习时目光找准参照物，保持身体平衡。

3. 迷你带—运动姿横向走

教学目标：激活臀部肌群。

动作要领：锻炼者呈基本站姿，迷你带置于膝关节上方，双脚之间的距离与肩同宽，双脚全脚掌着地，左腿充分蹬伸，左腿快速跟跨，右腿跟进保持起始姿势的距离，双臂自然摆动。

训练方法：练习时目光找准参照物，保持身体平衡。

4. 迷你带—屈膝深蹲

教学目标：激活臀部肌群。

动作要领：锻炼者呈基本站姿，迷你带置于膝关节上方，双脚之间的距离与肩同宽，双臂同时前伸与肩同高，开始时下蹲，膝关节前屈不要超过脚尖，再恢复至起始位置。

训练方法：降低迷你带磅数提高髋关节运动的稳定性。

5. 迷你带—直膝运动姿纵向走

教学目标：激活臀部肌群。

动作要领：锻炼者呈基本站姿，迷你带置于膝关节上方，双脚之间的距离与肩同宽，开始时锻炼员双手向上伸直，同时直膝向前左右交替行走，脚尖着地脚后跟抬起。

训练方法：练习时目光找准参照物，保持身体平衡。

三、动态拉伸的方法与步骤

1. 臀大肌拉伸

教学目标：拉伸臀大肌。

动作要领：锻炼者呈基本站姿，开始时双手抱右腿后尽力向上拉至胸前，躯干保持正直，保持 3s 后下落，双脚交替进行。

训练方法：练习时目光找准参照物，保持身体平衡。

2. 臀中肌拉伸

教学目标：拉伸臀中肌。

动作要领：锻炼者呈基本站姿，开始时一手抱着膝关节，一手抱着踝关节，将大腿外旋，躯干保持正直，保持 3s 后下落，双脚交替进行。

训练方法：练习时目光找准参照物，保持身体平衡。

3. 股四头肌拉伸

教学目标：增加髋关节的动态活动幅度，拉伸大腿前侧肌肉。

动作要领：以右腿为例，向前迈步后，右手握住右侧脚背部位，双脚并拢，保持髋部平直后左侧踮脚尖，保持此姿势 3s，然后换另一侧，动作相同。

训练方法：两条腿交替进行，每条腿 5～6 次。

4. 内收肌拉伸

教学目标：增强膝关节的动态活动幅度，拉伸肩、背、臀、脚后侧肌群。

动作要领：锻炼者呈基本站姿，开始时一侧腿向侧方向迈出后，双侧脚尖朝前，臀部后坐，双手水平伸出，保持此姿势 3s，随后开始另一侧。

训练方法：进行 2～4 组，每组 5～6 次。

5. 腘绳肌拉伸

教学目标：提高髋关节活动幅度和腘绳肌群的柔韧性。

动作要领：锻炼者呈基本站姿，后躯干下蹲，双手勾脚尖，双腿慢慢伸直，双手保持勾脚尖状态 3s，然后还原。

训练方法：两条腿交替进行，每条腿 5～6 次，每次动作保持 4～6s，保持身体平衡。

6. 综合拉伸——“最伟大拉伸”

教学目标：提高肩关节、髋关节、膝关节和踝关节的活动幅度，以及各肌群的弹性。

动作要领：以右脚在前为例，上体保持正直，右脚向前跨出一步，成直角弓步。左侧手着地，右侧屈肘下压于脚跟内侧，保持 3s；右侧手臂向上方翻转，同时带动脊柱，直臂外展，指尖向上，与支撑手臂呈一条直线。头部转动看上举手臂指尖，保持 3s。双手撑地将身体推起，双脚伸直，勾脚尖，拉伸前腿后肌群，保持 6s，屈膝成弓步，还原成站立姿势。

训练方法：两条腿交替进行，拉伸 4～6 次。

四、动作整合的方法与步骤

1. 双脚/单脚预摆起跳下蹲

教学目标：整合好各环节的用力，减少能量损耗。

动作要领：双脚平行站立，脚尖向前，手臂快速预摆向下，全力向上跳，双脚/单脚全脚掌落地，呈稳定的深蹲姿势，保持身体平衡。

训练方法：练习3组，每组5次，间隔30s。

2. 双脚/单脚旋转90°、180°

教学目标：进一步强化双脚/单脚起跳下蹲的正确动作模式。

动作要领：双脚平行站立，与肩同宽，背部平直，脚尖向前，手臂快速预摆向下，全力向上跳，身体向右（或向左）旋转90°、旋转180°，双脚/单脚全脚掌落地，保持身体平衡。

训练方法：练习3组，每组5次，间隔30s。

3. 双脚垫步预摆起跳下蹲

教学目标：正确动作模式，与专项力量结合，整合好各环节的用力。

动作要领：垫步保持双脚平行站立，脚尖向前，髋关节与膝关节是屈位，手臂快速预摆向上，双脚起跳向上，双脚落地，呈稳定的深蹲姿势，背部要挺直，保持身体平衡。

训练方法：练习3组，每组5次，间隔30s。

4. 纵向军步走

教学目标：为正式进入准备活动打下基础，使身体各个部位发挥更好的功能，以实现最佳的效果。

动作要领：起始位置站立，抬起右腿，大腿抬高与地面平行，脚尖勾起，自然摆臂，呈垫步姿势，左右脚交换过程中，右脚落地时左脚要用力蹬地，借助地面对人体的反作用力，然后换左脚抬起，两脚交换，循环进行。

训练方法：行进练习2组，距离20m。

5. 横向军步走

教学目标：为正式进入准备活动打下基础，使得身体各个部分发挥更好的功能，以实现最佳的效果。

动作要领：起始位置站立，抬起右腿，使大腿与地面平行，脚尖勾起，横向移动时，从左侧支撑腿的脚内侧向外侧蹬地发力，右腿抬起后向右侧展髋，右脚的前脚掌落地，用力蹬地，借助反作用力换左腿，两腿交替，循环进行。

训练方法：行进练习2组，距离20m。

五、神经系统激活的方法与步骤

1. 双脚快速交替点踏步

教学目标：唤醒全身肌肉参与动作，提高神经系统兴奋性。

动作要领：呈基本运动姿势，开始时双脚用前脚掌快速交替点地，在点地的过程中手臂按照节奏进行前后摆动，运动至规定时间。

训练方法：按照口令控制快速点踏步的速度，可在一次快速点踏步过程中尝试不同速度或反口令练习以促进神经系统激活。

2. 双脚快速同时点踏步

教学目标：唤醒全身肌肉参与动作，提高神经系统兴奋性。

动作要领：呈基本运动姿势，开始时双脚用前脚掌快速同时点地，在点地的过程中手臂按着节奏进行前后摆动，运动至规定时间。

训练方法：按照口令控制快速点踏步的速度，可在一次快速点踏步过程中尝试不同速度或反口令练习以促进神经系统激活。

3. 快速转髋跳

教学目标：唤醒全身肌肉参与动作，提高神经系统兴奋性。

动作要领：呈基本运动姿势，开始时快速向一侧转动髋关节后制动，再向另外一侧转动髋关节，连续运动至规定时间。

训练方法：按照口令控制快速点踏步的速度，可在一次快速点踏步过程中尝试不同速度或反口令练习以促进神经激活。

4. 俯卧撑前后快速移动

教学目标：唤醒全身肌肉参与动作，提高神经系统兴奋性。

动作要领：呈基本俯卧撑姿势，开始时双手臂伸直后前后进行快速移动，连续运动至规定时间。

训练方法：按照口令控制俯卧撑前后移动速度，可在一次俯卧撑前后快速移动过程中尝试不同速度或反口令练习以促进神经激活。

实训 8 一般力量训练

人体四肢肌肉约占全身骨骼肌总重量的 80%，其中，下肢肌肉约占 50%，上肢肌肉约占 30%。上肢和下肢的运动始终不能脱离人体整体的支持。下面将从肌肉链、动力链及身体姿态 3 个方面阐述人体动作模式的基本原理。

一、一般力量训练原理

（一）上肢力量动作模式原理

1. 上肢肌肉链运动原理 大脑只是识别功能动作，不能识别单块肌肉，所以从功能动作的角度来看，上肢的肌肉链运动模式可以划分为屈链与伸链。在功能训练中，肩部被划分为核心区，所以上肢的屈与伸主要指肘关节的屈伸，肘关节屈为拉，伸为推。当屈肘时，屈链主动肌由肱二头肌、肱肌、肱桡肌、桡侧腕屈肌等构成。同时也要注意，参与完成动作的肌群组成的系统，不仅包括局部的主动肌、协同肌，还包括拮抗肌和远端的稳定肌等，详见表 2-3。

表 2-3　屈肘和伸肘的肌肉链

运动	参与肌肉
屈肘	肱二头肌、肱肌、肱桡肌、桡侧腕屈肌、掌长肌、尺侧腕屈肌、旋前圆肌、桡侧腕长伸肌、桡侧腕短伸肌
伸肘	肱三头肌、肘肌、旋后肌、尺侧腕伸肌、指伸肌、小指伸肌

2. 上肢动力链传递原理　动力链是指与特定力传导相关的肌筋膜、骨膜、关节组成的纵向关联系统。人体上肢是一个具有多环节的运动链，具有多个自由度，能够进行各种复杂的运动，但复杂的运动都是由基本的功能性动作组成的。人体上肢运动链的运动形式主要以开链运动为主，即肢体近端固定而末端关节活动的运动。

上肢动力链传递原理可以用 Thomas W. Myers 的列车理论来解释。Thomas W. Myers 认为，上肢动力链由上肢前深层、上肢前浅层、上肢后深层和上肢后浅层共 4 个分链组成。力的传导按照固定的“轨道”进行传导。以上肢深层的动力链——“轨道车站”为例，动力按照各个站点顺序进行传导，依次为：①第 3、第 4 与第 5 肋骨；②胸小肌、锁胸筋膜；③喙突；④肱二头肌；⑤桡骨粗隆；⑥桡骨骨膜、前缘；⑦桡骨茎突；⑧桡侧副韧带、大鱼际肌群；⑨手舟骨、大多角骨；⑩大拇指外侧。

3. 身体姿态对上肢动作效率的影响　姿势是肌肉、骨骼系统对抗阻力作用的结果。与理想的姿势相比，稍有偏离都会伴有整个机体的负担加重。人体始终作为一个整体在发挥作用，由肌肉和骨骼组成的运动系统通常要同时执行两种相反的功能：一方面要提供稳定性，另一方面要保证灵活性。当上肢运动时，我们的躯干、下肢或另一侧上肢肌肉在维持正确的身体姿势。Kappler 认为，完美的姿态是一种状态，在这种状态下，身体的重量以这样的方式分布，即肌肉保持其正常张力而韧带张力对抗重力作用。人体站立主要依赖于地面的平整度、双足的状态和脊柱的姿势状态三个方面。

从运动力学角度来看，由于肌肉附着在骨骼的两端，当肌肉收缩时，就会把两个附着点拉近，而当近端和远端两个附着点都能运动的时候，才会拉得更近。就像拉一根橡皮筋，如果两端拉长后同时松手，橡皮筋就会弹向中间；如果一端松手，则松手的一端就会弹向另一端。从动力链的角度分析，当上肢运动时，躯干就像是橡皮筋的固定端，当躯干这个固定端不稳定时，势必会影响到整个橡皮筋的收缩效率，即上肢的运动效率。如果人体固定不了肌肉的近端，那么身体其他部位肌肉就会出现一些代偿，即出现一些多余的动作，而这些多余的动作恰恰容易导致运动损伤的发生。

（二）下肢力量动作模式原理

下肢力量动作模式作为下肢力量训练的重要手段，动作模式设计和训练均要遵循科学原理。

1. 下肢运动特点 下肢肌肉主要包括髋肌、大腿肌、小腿肌和足肌。从肌肉的收缩形式来讲，下肢肌要完成向心、离心、等动和等长 4 种形式的收缩。下肢关节包括踝关节、膝关节、髋关节。从关节运动形式来讲，下肢肌的功能是保证髋关节在矢状面、额状面和水平面的运动，保证膝关节在矢状面的运动以及踝关节在矢状面、额状面的运动。髋关节的主要运动形式为屈、伸、内收、外展、内旋、外旋。膝关节的主要运动形式是屈、伸。踝关节的主要运动形式为屈、伸、内收、外展。从运动链的种类来讲，下肢肌要完成开链、闭链两种形式的运动，见图 2-1。

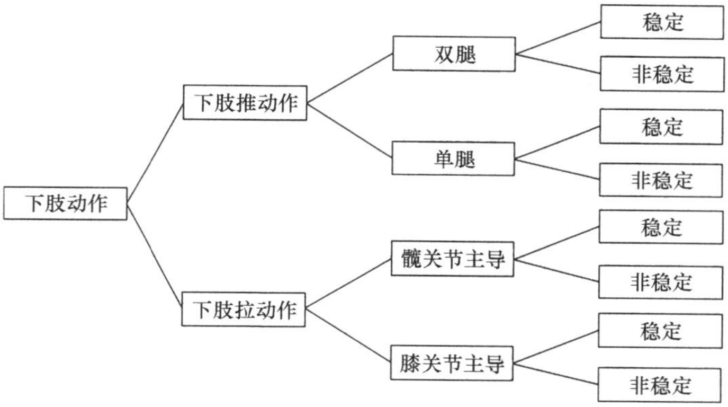

图 2-1 下肢力量动作模式分类

2. 下肢动力链传递原理 动作链是身体所有部分协同工作，执行身体运动的动作模式。如果动作链上的某一环节不能正常工作，将影响到这个链上的其他环节，最终影响动作模式的执行。动作链是由神经链、肌肉链和关节链组成。下肢肌肉链主要包括前链、后链和侧链。其中前链由趾伸肌-胫骨前肌-股四头肌构成，具有足背屈、伸膝、屈髋功能。后链由距腱膜-小腿三头肌-股后肌群构成，具有屈趾、屈膝、伸髋功能。侧链由足底-腓骨肌-髂胫束-阔筋膜张肌及臀大肌构成，具有侧屈身体的功能。关节链是由骨连结组成，通过神经肌肉系统支配并不断调整姿势与动作的装置。关节链只有在符合运动项目特征及生物力学、生理学和解剖学原理的条件下，才能传递躯体和四肢力量，为肌肉发力提供稳定持久的力学支点。

（三）躯干支柱力量动作模式原理

躯干支柱包括肩部、胸部、脊柱、骨盆及其周围的肌肉、韧带和软组织等。躯干动作模式主要包括躯干的前屈、后伸、旋转及对角运动等。躯干支柱力量动作模式分类见图 2-2。

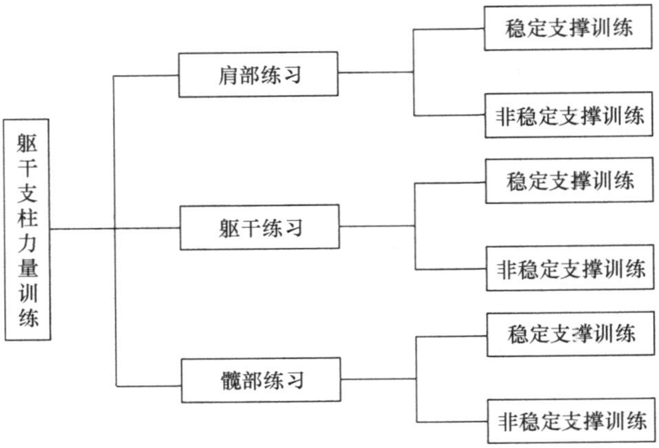

图 2-2　躯干支柱力量动作模式

1. 躯干支柱与人体动力链传递关系　人体运动是运动链的多关节运动，牵一发而动全身，所有的动作都是通过人体环节之间相互作用完成的。以乒乓球击球为例，比赛中的快速击球以蹬地旋转为支撑，利用人体动力链传递的效能，将下肢发出的力量通过髋部、躯干、上肢并最终传递到球拍上，充分表现出动力链传递的特性（图 2-3）。

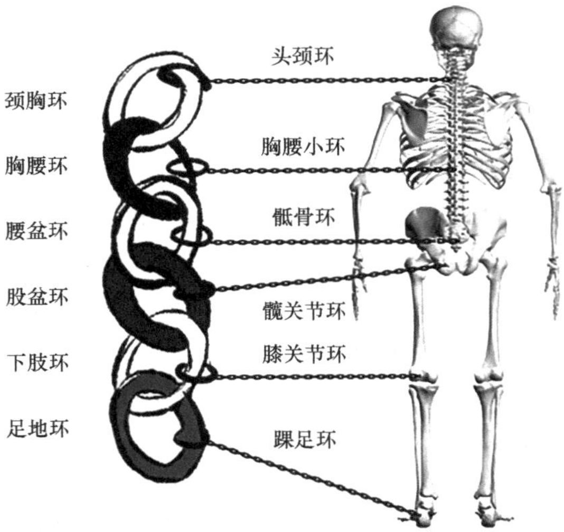

图 2-3　构成人体动力链的关节环

运动链的第二层含义是任何运动都是具有一定顺序的，严格遵守动力链的动量传递原理，即中枢神经系统发放冲动，经传出神经达到支配的肌肉系统（骨骼肌），引起收缩，在骨骼系统骨杠杆的作用下引起关节的运动（图 2-4）。肌肉之间的协调性直接限制了动作的效率。

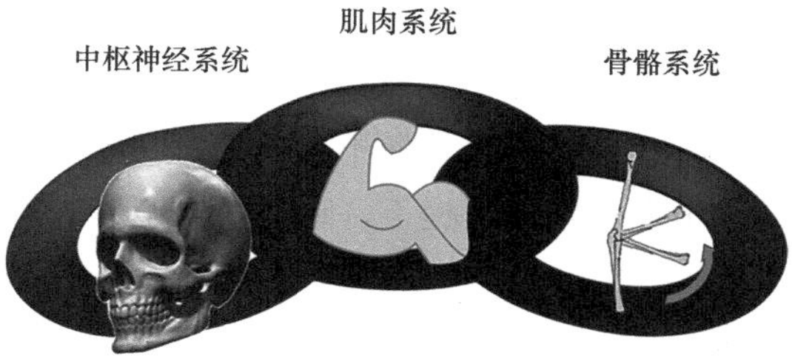

图 2-4　构成人体运动动力链的执行系统

研究表明：躯干的运动与四肢的运动是紧密联系的，躯干的运动发生在四肢的运动之前。通过躯干肌肉的协调收缩，使得中轴骨骼成为上下肢运动的稳定平台。躯干支柱功能运动模式主要包括：一是躯干肌肉活动的协调和精确控制模式，使脊柱和骨盆处于最佳位置。二是力矩模式，为四肢骨杠杆产生最佳力矩和力量的传导提供了可能性。躯干支柱是人体运动链的重要环节。

2. 躯干肌肉链传递效应　人体肌肉链是由前表线、后表线、体侧线、螺旋线、前伸线和手臂线六大肌肉链相连（图 2-5）。这些肌肉链会直接影响人体的结构、功能和体态。提升弱化的肌肉链和放松过于紧张的肌肉链，可以有效地改善由此带来的各种身体问题，从而提升动作模式的效率。

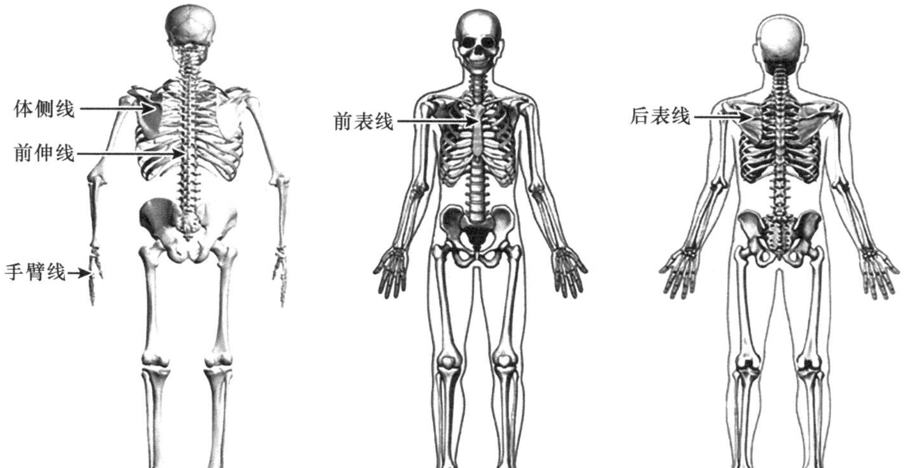

A　　　　B　　　　C

图 2-5　人体肌肉链示意图

A. 体侧线、前伸线和手臂线；B. 前表线；C. 后表线与螺旋线

（四）旋转爆发力动作模式原理

人们在完成技术动作过程中，都会涉及躯干旋转和对抗旋转，躯干旋转发力相对于躯干的屈伸发力，参与的肌群更多，参与收缩的肌肉初长度更长，因此，旋转发力可以获得更大的加速度和动作表现力。

1. 旋转力量训练的概念与分类 旋转力量训练可以分为两类，即旋转稳定性训练及旋转爆发力训练。旋转稳定性是指在动作过程中，躯干支柱部位（肩关节、脊柱和髋关节）保持正常解剖位置而不出现相对移动的能力。旋转爆发力是指在保持腰椎和腰骶关节面稳定的前提下，通过髋关节和胸椎的旋转快速发挥肌肉力量的能力。

2. 旋转力量训练的目的 旋转稳定性训练的目的是提高躯干支柱的稳定性，训练目标是躯干支柱部位深层肌肉；旋转爆发力训练的目的是提高躯干支柱部位的爆发力，训练目标是躯干支柱部位的浅层肌肉。前者是后者的基础，而后者是前者的升华。

由内层（深层肌肉）到外层（浅层肌肉）是发展旋转爆发力的首要原则。深层肌肉多由慢肌纤维构成，是维持躯干姿势的主要动力源，通过低负荷和慢动作频率的训练方式来提高其保持关节稳定性的能力；浅层肌肉多由白肌纤维构成，应采用向心和离心收缩的方式提高其参与身体大幅度运动和对抗高负荷的能力。动作速度快，负荷强度高是训练浅层肌肉的典型特征。

二、一般力量训练实验方法

（一）上肢力量训练

1. 俯卧撑——平地/瑞士球/悬吊带（上肢水平推的力量训练）

教学目标：发展胸部及上肢力量。

动作要领：俯撑于平地/瑞士球/悬吊带，保持躯干在一条直线上，双臂屈曲后伸直将身体推起。

训练方法：肌肉肥大—力量：每组 6～12 次，练习 3～6 组；肌肉耐力：每组 12 次以上，练习 2～3 组。

2. 肩上推——站姿/半跪姿（上肢垂直推的力量训练）

教学目标：发展肩部及上肢力量。

动作要领：以站姿/半跪姿手持哑铃/杠铃等器械于肩上，双臂伸直将重物推过头顶。

训练方法：肌肉肥大—力量：每组 6～12 次，练习 3～6 组；肌肉耐力：每组 12 次以上，练习 2～3 组。

3. 卧推——平面/瑞士球（上肢水平推的力量训练）

教学目标：发展胸部及上肢力量。

动作要领：练习者持哑铃/重力球等器械仰卧于卧推凳/瑞士球上，屈臂至胸部上方后推起。

训练方法：爆发力：每组 1～6 次，练习 2～3 组；肌肉肥大—力量：每组 6～12 次，练习 3～6 组；肌肉耐力：每组 12 次以上，练习 2～3 组。

4. 哑铃飞鸟——仰卧/俯身

教学目标：发展胸部/背部及上肢力量。

动作要领：练习者仰卧于卧推凳/站立俯身，双手屈臂/直臂持哑铃，双臂内收/外展进行练习。

训练方法：肌肉肥大—力量：每组 6～12 次，练习 3～6 组；肌肉耐力：每组 12 次以上，练习 2～3 组。

5. 俯身划船——杠铃/哑铃/橡皮带

教学目标：发展背部及上肢力量。

动作要领：练习者站姿俯身直臂持杠铃/哑铃/橡皮带，屈臂拉至胸骨下缘后还原。

训练方法：肌肉肥大—力量：每组 6～12 次，练习 3～6 组；肌肉耐力：每组 12 次以上，练习 2～3 组。

6. 站姿/跪姿屈臂拉——橡皮带/悬吊带

教学目标：发展上肢力量。

动作要领：练习者以站姿/跪姿直臂手持橡皮带/悬吊带，屈臂拉橡皮带/悬吊带。

训练方法：肌肉肥大—力量：每组 6～12 次，练习 3～6 组；肌肉耐力：每组 12 次以上，练习 2～3 组。

（二）下肢力量训练

1. 徒手深蹲

教学目标：主要发展基本姿势以及臀大肌、股四头肌、股后肌群力量。

动作要领：两脚开立与肩同宽或稍宽于肩，双手叉腰深蹲，然后下肢发力向上推或跳起，最后还原到初始姿势。

训练方法：10～15 次为一组，3～6 组。

2. 弹力带深蹲

教学目标：主要发展臀大肌、大腿前部肌群、股后肌群力量。

动作要领：两手握住弹力带两头，两脚开立与肩同宽或稍宽于肩，双脚将弹力带踩到脚下并呈深蹲姿势，然后两腿伸直（或跳起）牵拉弹力带呈站立姿势，最后还原到初始姿势。

训练方法：6～10 次为一组，3～6 组。

3. 杠铃半蹲/深蹲

教学目标：主要发展臀大肌、大腿前部肌群、股后肌群力量。

动作要领：首先杠铃负重呈半蹲/深蹲姿势（前蹲时将杠铃放到胸前的肩膀上，后蹲时将杠铃放在颈后肩膀上），然后快速站立，循环往复。

训练方法：6～8 次为一组，3～5 组。

4. 杠铃过顶深蹲

教学目标：主要发展臀大肌、大腿前部肌群、股后肌群、三角肌等力量。

动作要领：呈正常站立姿势，双手正握杠铃直臂举过头顶，握距约为肩宽 2 倍，运动员保持后背挺直，抬头向前，然后屈膝下蹲至大腿与地面平行，最后快速站立，循环往复。

训练方法：6～8 次为一组，3～5 组。

5. 单腿罗马尼亚硬拉

教学目标：主要发展臀部爆发力，腿部蹬地力量和全身协调用力，发展稳定性。

动作要领：双手持杠铃，单腿支撑稍微弯曲站立，躯干挺直、非支撑腿伸直基本与地面平行，通过臀肌的收紧和上身直体抬起，然后还原成起始姿势。

训练方法：6～10 次为一组，3～6 组。

6. 俯卧屈膝提拉

教学目标：主要发展股后肌群、臀部肌群，发展稳定性。

动作要领：运动员俯姿直体卧在瑞士球上，将弹力带系在单脚/双脚脚踝上，用臀部和股后肌群发力牵拉弹力带至大小腿夹角为 90°，然后还原到初始姿势。

训练方法：10～15 次为一组，3～6 组。

（三）全身动力链训练

1. 站姿/跪姿劈砍/提拉——绳动训练器械、固定橡皮带

教学目标：发展对侧动力链传递效能、提高躯干抗旋能力。

动作要领：练习者站姿/跪姿于器械同侧，双手持器械于体侧；进行劈砍，练习时髋部发力带动躯干由上向斜下方旋转；进行提拉练习时臀部收紧，躯干竖直，双臂由下向斜上提拉。

训练方法：发展动力链效能：6～8 次为一组，3～6 组；发展抗旋能力：10～15 次为一组，1～3 组。

2. 药球上推/后抛/下抛

教学目标：发展动力链传递效能。

动作要领：练习者双脚与肩同宽开立；药球上推/后抛：双手持药球于胸前/腹部，快速屈髋、屈膝下降身体后迅速伸髋伸膝，同时将药球推过头顶/向后抛出；药球下抛：双手直臂持药球于头顶，充分伸髋、伸膝以伸展身体，迅速屈髋屈膝下降身体同时将药球向下抛出。

训练方法：适宜重量的药球，练习 6～8 次为一组，3～6 组。

3. 壶铃摆

教学目标：发展动力链传递效能。

动作要领：练习者双脚与肩同宽开立，双手持壶铃于双腿间；屈髋、微屈膝使臀部后移至最远端，伸髋、伸膝顺势上摆壶铃。

训练方法：适宜重量的壶铃，练习 6～8 次为一组，3～6 组。

4. 杠铃直臂拉

教学目标：发展动力链传递效能，提高下肢爆发力。

动作要领：练习者采用杠铃硬拉的姿势起始，快速伸膝、伸髋上提杠铃，过程中保持直臂，肩部耸立缓冲。

训练方法：根据一次最大重复量（1RM）值百分比选取适宜重量的杠铃，发展单次最大爆发力练习 1～2 次为一组，3～5 组，发展多次最大爆发力练习 3～5 次为一组，3～5 组。

5. 杠铃高拉

教学目标：发展动力链传递效能，提高下肢爆发力。

动作要领：练习者采用杠铃硬拉的姿势起始，快速伸膝、伸髋上提杠铃，过程中双臂顺势屈曲上拉杠铃至下颌。

训练方法：根据 1RM 值百分比选取适宜重量的杠铃，发展单次最大爆发力练习 1～2 次为一组，3～5 组；发展多次最大爆发力练习 3～5 次为一组，3～5 组。

6. 杠铃高翻

教学目标：发展动力链传递效能，提高下肢爆发力。

动作要领：练习者采用杠铃硬拉的姿势起始，伸膝、伸髋提拉杠铃，杠铃过膝后充分伸髋，继续保持快速伸髋、伸膝并屈曲踝关节；当下肢完全伸展时达到最高点；双臂顺势屈曲抓杠，身体移至杠铃下面同时屈髋、屈膝下蹲位置减缓冲力。

训练方法：根据 1RM 值百分比选取适宜重量的杠铃，发展单次最大爆发力练习 1～2 次为一组，3～5 组；发展多次最大爆发力练习 3～5 次为一组，3～5 组。

7. 分腿/双腿杠铃上推举

教学目标：发展动力链传递效能，提高下肢爆发力。

动作要领：练习者采用杠铃颈前蹲的姿势起始，快速下蹲不超过 1/4 位置后迅速伸膝、伸髋，同时利用推肘将杠铃举过头顶，双腿呈分腿弓步或开立微屈。

训练方法：根据 1RM 值百分比选取适宜重量的杠铃，发展单次最大爆发力练习 1～2 次为一组，3～5 组；发展多次最大爆发力练习 3～5 次为一组，3～5 组。

8. 杠铃抓举

教学目标：发展动力链传递效能，提高下肢爆发力。

动作要领：练习者双脚微外展开立与肩同宽，下蹲握杠，双手握杠距离为两肘间宽度；伸膝、伸髋提拉杠铃，杠铃过膝后充分伸髋，继续保持快速伸髋、伸膝并屈曲踝关节；当下肢完全伸展时，杠铃达到最高点；快速转腕，身体移至杠铃下面同时屈髋屈膝减缓冲力，双臂直臂顺势将杠铃举过头顶。

训练方法：根据 1RM 值百分比选取适宜重量的杠铃，发展单次最大爆发力练习 1～2 次为一组，3～5 组；发展多次最大爆发力练习 3～5 次为一组，3～5 组。

9. 杠铃蹲跳

教学目标：发展动力链传递效能，提高下肢爆发力。

动作要领：练习者以杠铃背蹲姿势起始，快速下蹲不超过 1/4 位置后迅速伸膝伸髋至身体完全伸展并顺势跳起。

训练方法：发展多次最大爆发力练习 3～5 次为一组，3～5 组；发展爆发力耐力练习 8～12 次为一组，3～6 组。

10. 抓举姿杠铃跳

教学目标：发展动力链传递效能，提高下肢爆发力。

动作要领：练习者双脚开立与肩同宽，保持杠铃贴近身体，直臂握杠，双手握杠距离为两肘间宽度；快速屈髋、微屈膝使臀部后移至最远端，充分迅速伸髋伸膝至身体完全伸展并顺势跳起。

训练方法：发展多次最大爆发力练习 3～5 次为一组，3～5 组；发展爆发力耐力练习 8～12 次为一组，3～6 组。

（四）躯干支柱力量训练

1. 肩部练习

（1）俯姿——“I”形

教学目标：发展肩带及上背部肌肉力量。

动作要领：俯卧于垫上，双臂伸直贴近耳朵，与躯干形成“I”形，双侧肩胛骨向内向下收紧，双臂抬起 2～3cm，保持 3～5s，回到起始姿势。

训练方法：每组练习 10 次，练习 2～3 组。

（2）俯姿——“T”形

教学目标：发展肩带及上背部肌肉力量。

动作要领：俯卧于垫上，双臂外展 90°。与躯干形成“T”形，双侧肩胛骨向内向下收紧，双臂抬起 2～3cm，保持 3～5s，回到起始姿势。

训练方法：每组练习 10 次，练习 2～3 组。

（3）俯姿——“W”形

教学目标：发展肩带及上背部肌肉力量。

动作要领：俯卧于垫上，双肘打开，屈肘 90°。与躯干形成“W”形，双侧肩胛骨向内向下收紧，双臂抬起 2～3cm，保持 3～5s，回到起始姿势。

训练方法：每组练习 10 次，练习 2～3 组。

（4）站姿——“L-Y”形

教学目标：发展肩带及上背部肌肉力量。

动作要领：运动基本姿势站立，挺胸抬头，背部平直，双手臂自然放于身体两侧。双侧肩胛骨向内向下收紧，肘部上抬至屈肘 90°，然后前臂向上抬起形成

“L”形，然后向上伸直与躯干形成“Y”形，回到起始姿势。

训练方法：每组练习 10 次，练习 2～3 组。

（5）瑞士球——“L-Y”形

教学目标：发展肩带及上背部肌肉力量。

动作要领：俯卧于瑞士球上，背部平直，双臂伸直，放于瑞士球两侧，双侧肩胛骨收紧，然后屈肘向上抬起，屈肘达 90° 时，前臂向上抬起，直至与躯干呈一个平面，与上臂形成“L”形，然后向上伸直与躯干形成“Y”形，回到起始姿势。

训练方法：每组练习 10 次，练习 2～3 组。

2. 躯干练习

（1）稳定支撑的躯干支柱力量练习

1）膝支撑俯桥

教学目标：发展腹部力量。

动作要领：练习者以双膝和双肘撑于地面，腹部收紧，躯干从膝到头在一条直线上。

建议负荷：每组练习 30～60s，1～3 组，间歇时间 10～30s。

2）并腿/分腿、脚支撑俯桥

教学目标：发展腹部力量。

动作要领：练习者双腿合并/分开，以双脚和双肘撑于地面，练习时要保持臀肌、腹肌收紧；身体从头到脚在一条直线上。

建议负荷：每组练习 30～60s，1～3 组，间歇时间 10～30s。如若负重练习，则相应减少练习时间。

3）双臂/双脚交替支撑俯桥

教学目标：发展腹部力量。

动作要领：练习者在分腿支撑俯桥的基础上，双臂/双脚有节奏地交替上抬或侧展并保持 3～5s，练习时要始终保持身体呈一条直线。

建议负荷：每组 30s，动态练习：每组 10～15 次，1～3 组，间歇时间 30～60s。

4）单臂/单脚支撑俯桥

教学目标：发展肩部、躯干支柱力量。

动作要领：练习者在分腿支撑俯桥的基础上单肘（单手）/单脚撑于地面，另一手臂/脚静止上抬至水平位置，练习时要始终保持身体呈一条直线。

建议负荷：每组 30s，动态练习：每组 10～15 次，1～3 组，间歇时间 30～60s。

5）手脚对侧交替支撑俯桥—静止或动态

教学目标：发展肩部、腹部力量。

动作要领：练习者以对侧单肘单脚支撑于地面，身体呈桥的姿势，保持静止或节奏性转换交替上抬。

建议负荷：每组 30s，动态练习：每组 10～15 次，1～3 组，间歇时间 30～60s。

6）膝肘侧撑

教学目标：发展腹侧肌力量。

动作要领：练习者以肘、膝支撑，双腿自然弯曲，髋部抬起，从膝到头呈一条直线。

建议负荷：腹部收紧，躯干整体发力。每组练习 30～60s，1～3 组，间歇时间 10～30s。

7）分脚侧桥/并脚—肘撑或手撑

教学目标：发展腹侧肌力量。

动作要领：练习者双脚前后开置/并脚支撑，以肘或手和双脚支撑，髋部抬起，身体呈一条直线。

建议负荷：每组练习 30～60s，1～3 组，间歇时间 10～30s。

8）静态/动态分腿侧桥

教学目标：发展臀中肌、腹侧肌力量。

动作要领：练习者在并脚侧桥的基础上，另侧腿向上抬起并保持静止或有节奏地外展。

建议负荷：腹部、臀肌收紧，躯干整体发力。将迷你弹力带置于脚踝或膝关节处，以增加练习强度。每组练习 30～60s，1～3 组，间歇时间 60～90s，若使用迷你带则相应减少练习时间。

9）静态/动态侧桥—橡皮带

教学目标：发展肩背部、腹侧部力量。

动作要领：练习者在并脚侧桥或前后开脚侧桥的基础上使用橡皮带以增加练习难度，可将橡皮带拉开保持静止，也可节奏性地伸展手臂。

建议负荷：腹部收紧，身体呈一条直线，保持稳定。每组练习 30～60s，1～3 组，间歇时间 30～60s。

（2）非稳定支撑的躯干支柱力量练习

1）上肢支撑的非稳定俯桥

教学目标：发展腹部力量。

动作要领：练习者双脚置于泡沫轴、重力球、瑞士球或悬吊带上，完成俯桥动作。

建议负荷：整个身体绷紧，身体呈一条直线。每组练习 30～60s，1～3 组，间歇时间 30～60s。

2）下肢支撑的非稳定俯桥

教学目标：发展肩部、躯干支柱力量。

动作要领：练习者双手或双肘撑于瑞士球上，或手撑于重力球、悬吊带上，完成双脚支撑的俯桥动作。

建议负荷：整个身体绷紧，身体呈一条直线。每组练习 30～60s，1～3 组，间歇时间 30～60s。

3）瑞士球俯桥—单侧收腿

教学目标：发展肩部、腹部力量。

动作要领：练习者双肘或直臂撑于瑞士球上，在分脚俯桥的基础上单腿向上或双侧交替收腿。

建议负荷：整个身体绷紧，身体呈一条直线，每组练习 30～60s，1～3 组，间歇时间 30～60s。

4）瑞士球俯桥—旋转（收腹）

教学目标：发展躯干支柱力量。

动作要领：练习者双肘撑于地面，双脚夹住瑞士球，下身缓慢匀速转体。

建议负荷：整个身体绷紧，身体呈一条直线。每组练习 30～60s，1～3 组，间歇时间 30～60s。

5）下肢稳定的非稳定支撑侧桥

教学目标：发展腹侧肌力量和控制能力。

动作要领：一侧手臂置于瑞士球、榴梿球、重力球上，双脚前后接触成侧桥。

建议负荷：整个身体绷紧，身体呈一条直线。每组练习 30～60s，1～3 组，间歇时间 30～60s。

3. 髋部练习

（1）双腿臀肌桥

教学目标：发展以髋关节为主的躯干支柱力量。

动作要领：身体呈仰卧姿，两手置于体侧，双腿与肩同宽并弯曲成 90°，脚跟着地，脚尖勾起；开始时肩关节位置保持不变，髋关节用力向上方抬起，保持 2s 后恢复至起始位置。

训练方法：8～12 次为一组，练习 3～4 组，每组间隔为 1～2min。

（2）上体抬高式臀肌桥

教学目标：发展以髋关节为主的躯干支柱力量。

动作要领：身体呈仰卧姿放置于卧推凳上方，两手置于卧推凳两侧，臀部着地，双腿与肩同宽并弯曲，脚跟着地，脚尖勾起；肩关节位置保持不变，髋关节用力向上方顶起，双腿用力下压，保持髋关节与地面平行，2s 后恢复至起始位置。

训练方法：8～12 次为一组，练习 3～4 组，每组间隔为 1～2min。

（3）单腿臀肌桥

教学目标：发展以髋关节为主的躯干支柱力量。

动作要领：身体呈仰卧姿，两手置于体侧，单腿保持弯曲成 90°，另一条腿保持伸直状态，脚跟着地，双脚尖勾起；肩关节位置保持不变，髋关节用力向上方顶起，保持 2s 后恢复至起始位置。

训练方法：8～12 次为一组，练习 3～4 组，每组间隔为 1～2min。

（4）上体抬高式—单腿臀肌桥

教学目标：发展以髋关节为主的躯干支柱力量。

动作要领：身体呈仰卧姿放置于卧推凳上方，两手置于卧推凳两侧，臀部着地，一侧腿弯曲，脚跟着地，脚尖勾起，同时另一侧腿伸直保持悬空状态，开始时肩关节位置保持不变，髋关节用力向上方顶起，稳定腿用力下压，保持髋关节与地面平行，悬空腿保持与地面平行状态，2s 后恢复至起始位置。

训练方法：8～12 次为一组，练习 3～4 组，每组间隔为 1～2min。

（5）仰卧姿—手脚支撑

教学目标：发展以髋关节为主的躯干支柱力量。

动作要领：坐在垫上，双腿弯曲，脚跟触地，脚尖勾起，双手置于身体两侧并撑地；髋部向上顶起，脚跟和双手支撑身体，头、肩、躯干和大腿呈一条直线，臀肌、腹肌收紧，身体保持稳定相应时间后恢复至起始位置。

训练方法：8～12 次为一组，练习 3～4 组，每组间隔为 1～2min。

（6）跪撑伸髋

教学目标：发展以髋关节为主的躯干支柱力量。

动作要领：身体呈双肘伸直且双膝跪于地面姿势，腹部收紧；双臂撑起躯干，保持双膝屈膝，向上抬起一条腿，保持 2s 后恢复至起始姿势，换另外一侧。

训练方法：8～12 次为一组，练习 3～4 组，每组间隔为 1～2min。

（7）跪撑展髋

教学目标：发展以髋关节为主的躯干支柱力量。

动作要领：身体呈双肘伸直且双膝跪于地面姿势，腹部收紧；双臂撑起躯干，保持双膝屈膝，侧向慢慢抬起一条腿至最大位置后，保持 2s 再恢复至起始姿势，换另外一侧。

训练方法：8～12 次为一组，练习 3～4 组，每组间隔为 1～2min。

（8）瑞士球—双脚伸髋

教学目标：发展以髋关节为主的躯干支柱力量。

动作要领：双手撑地，俯卧于瑞士球上，腹部臀部收紧，头部、背部及脚跟在一条直线上，双脚脚跟并拢并且双腿伸直，臀部收紧且屈肘，使双脚抬起至更高高度，保持背部平直，双腿一直保持伸直与并拢状态，控制 2s 后再恢复至起始姿势。

训练方法：8～12 次为一组，练习 3～4 组，每组间隔为 1～2min。

（五）旋转稳定性练习

1. 坐姿旋转稳定性练习

（1）坐姿侧向胸部推起

教学目标：发展躯干深层肌肉力量，提高坐姿状态下身体姿态的控制能力。

动作要领：练习者身体侧向弹力带，两腿分开坐于凳子上，躯干收紧，双腿下压以保持身体重心的平稳；身体右侧拉弹力带，双手合十握住弹力带于腹部，将手向前沿水平方向推出至双臂伸直。

训练方法：每侧练习 8～10 次为一组，练习 3～4 组。

（2）坐姿稳定性下砍

教学目标：加强身体的旋转稳定性和身体姿态的控制能力，主要发展腹直肌、腹内斜肌、腹外斜肌和腹横肌等。

动作要领：练习者身体侧向弹力带，两腿分开坐于凳子上，躯干收紧，大腿下压以保持身体重心的平稳；双手握弹力带于头顶右上方，距离略比肩宽，右臂伸直，双臂向左侧腰际下拉弹力带，至左侧手臂伸直后，再伸直右侧手臂。

训练方法：每侧练习 8～10 次为一组，练习 3～4 组。

（3）坐姿稳定性推举

教学目标：加强身体的旋转稳定性和身体姿态的控制能力，主要发展腹直肌、腹内斜肌、腹外斜肌和腹横肌等。

动作要领：练习者身体侧向弹力带，两腿分开坐于凳子上，躯干收紧，大腿下压以保持身体重心的平稳；双手握弹力带于右侧腰际，距离略比肩宽，右臂伸直；双臂向左肩上方拉弹力带，至左手臂伸直；保持左手臂不动，右手将弹力带沿水平方向推出至右臂伸直。

训练方法：每侧练习 8～10 次为一组，练习 3～4 组。

（4）坐姿肩上轮摆壶铃

教学目标：加强身体的旋转稳定性和身体姿态的控制能力，主要发展腹直肌、腹内斜肌、腹外斜肌和腹横肌等。

动作要领：练习者两腿分开坐于练习凳上，躯干收紧，大腿下压以保持身体重心的平稳，双手握住壶铃手柄于胸前。练习开始时，腰部保持稳定，胸椎充分旋转，双手持壶铃从胸前经左侧肩上、头顶、右侧肩上到胸前结束。

训练方法：每侧练习 8～10 次为一组，练习 3～4 组。

2. 双膝跪姿旋转稳定性练习

（1）双膝跪姿侧向胸部推起

教学目标：加强身体的旋转稳定性和身体姿态的控制能力，主要发展腹直肌、腹内斜肌、腹外斜肌和腹横肌等。

动作要领：身体右侧拉弹力带呈直立伸髋双膝跪姿，双手合十握住弹力带置于胸前；将弹力带向前沿水平方向推出至双臂伸直；收回手臂，回到起始姿势。

训练方法：每侧练习 8～10 次为一组，练习 3～4 组。

（2）双膝跪姿稳定性下砍

教学目标：加强身体的旋转稳定性和身体姿态的控制能力，主要发展腹直肌、腹内斜肌、腹外斜肌和腹横肌等。

动作要领：身体右侧拉弹力带呈直立伸髋双膝跪姿，双手握弹力带置于头顶右上方，距离略宽于肩，右臂伸直；双臂向左侧腰际下拉弹力带，至左侧手臂伸直后，再伸直右侧手臂。

训练方法：每侧练习 8～10 次为一组，练习 3～4 组。

（3）双膝跪姿稳定性推举

教学目标：加强身体的旋转稳定性和身体姿态的控制能力，主要发展腹直肌、腹内斜肌、腹外斜肌和腹横肌等。

动作要领：练习者身体侧向弹力带，两腿分开坐于凳子上，躯干收紧，大腿下压以保持身体重心的平稳；双臂向左肩上方拉弹力带，至左手臂伸直；保持左手臂不动，右手将弹力带沿水平方向推出至右臂伸直。

训练方法：每侧练习 8～10 次为一组，练习 3～4 组。

3. 半跪姿旋转稳定性练习

（1）半跪姿侧向胸部推起

教学目标：加强身体的旋转稳定性和身体姿态的控制能力，主要发展腹直肌、腹内斜肌、腹外斜肌和腹横肌等。

动作要领：练习者身体侧向弹力带呈半跪姿，右腿在前，双手合十握住弹力带置于胸前；将弹力带向前沿水平方向推出至双臂伸直；收回手臂，回到起始姿势。

训练方法：每侧练习 8～10 次为一组，练习 3～4 组。

（2）半跪姿稳定性下砍

教学目标：加强身体的旋转稳定性和身体姿态的控制能力，主要发展腹直肌、腹内斜肌、腹外斜肌和腹横肌等。

动作要领：练习者身体侧向弹力带呈半跪姿，右腿在前。双手握弹力带置于头顶右上方，距离略宽于肩，右臂伸直；双臂向左侧腰际下拉弹力带，至左侧手臂伸直后，再伸直右侧手臂。

训练方法：每侧练习 8～10 次为一组，练习 3～4 组。

（3）半跪姿稳定性推举

教学目标：加强身体的旋转稳定性和身体姿态的控制能力，主要发展腹直肌、腹内斜肌、腹外斜肌和腹横肌等。

动作要领：练习者身体侧向弹力带呈半跪姿，左腿在前，双手握拉杆置于右侧腰际，距离略宽于肩，右臂伸直；双臂向左肩上方拉弹力带，至左手臂伸直；保持左手臂不动，右手将弹力带沿水平方向推出至右臂伸直。

训练方法：每侧练习 8～10 次为一组，练习 3～4 组。

4. 前后分腿姿旋转稳定性练习

（1）前后分腿姿侧向胸部推起

教学目标：加强身体的旋转稳定性和身体姿态的控制能力，主要发展腹直肌、腹内斜肌、腹外斜肌和腹横肌等。

动作要领：练习者身体侧向弹力带呈前后分腿姿（右腿在前，左腿在后且膝关节不触地，该姿势又可分为低分腿姿和高分腿姿）；双手合十握住弹力带置于胸前；将手向前沿水平方向推出至双臂伸直；收回手臂，回到起始姿势。

训练方法：每侧练习 8～10 次为一组，练习 3～4 组。

（2）前后分腿姿稳定性下砍

教学目标：加强身体的旋转稳定性和身体姿态的控制能力，主要发展腹直肌、腹内斜肌、腹外斜肌和腹横肌等。

动作要领：练习者身体侧向弹力带呈前后分腿姿（右腿在前）；双手握弹力带置于头顶右上方，距离略宽于肩，右臂伸直；双臂向左侧腰际下拉弹力带至左侧手臂伸直后，再伸直右侧手臂。

训练方法：每侧练习 8～10 次为一组，练习 3～4 组。

（3）前后分腿姿稳定性推举

教学目标：加强身体的旋转稳定性和身体姿态的控制能力，主要发展腹直肌、腹内斜肌、腹外斜肌和腹横肌等。

动作要领：练习者身体侧向弹力带呈前后分腿姿，左腿在前，双手握弹力带置于右侧腰际，距离略宽于肩，右臂伸直；双臂向左肩上方拉弹力带，至左手臂伸直；保持左手臂不动，右手将弹力带沿水平方向推出至右臂伸直。

训练方法：每侧练习 8～10 次为一组，练习 3～4 组。

5. 站立姿旋转稳定性练习

（1）站立姿侧向胸部推起

教学目标：加强身体的旋转稳定性和身体姿态的控制能力。

动作要领：练习者身体侧向弹力带呈运动基本姿站立；双手合十握住弹力带置于胸前；将弹力带向前沿水平方向推出至双臂伸直；收回手臂，回到起始姿势。

训练方法：每侧练习 8～10 次为一组，练习 3～4 组。

（2）站立姿稳定性下砍

教学目标：加强身体的旋转稳定性和身体姿态的控制能力。

动作要领：练习者身体侧向弹力带呈运动基本姿站立；双手握弹力带置于头顶右上方，距离略宽于肩，右臂伸直；双臂向左侧腰际下拉弹力带，至左侧手臂伸直，然后伸直右侧手臂。

训练方法：每侧练习 8～10 次为一组，练习 3～4 组。

（3）站立姿稳定性推举

教学目标：加强身体的旋转稳定性和身体姿态的控制能力。

动作要领：练习者身体侧向弹力带呈运动姿站立；双手握弹力带置于右侧腰际，距离略宽于肩，右臂伸直；双臂向左肩上方拉弹力带，至左手臂伸直；保持左手臂不动，右手将弹力带沿水平方向推出至右臂伸直。

训练方法：每侧练习 8～10 次为一组，练习 3～4 组。

（六）旋转爆发力练习

1. 坐姿旋转爆发力练习

（1）坐姿斜下拉

教学目标：加强身体的旋转爆发力，提高动力链能量传递效率。

动作要领：练习者身体侧向弹力带，两腿分开坐于练习凳上，躯干收紧。大腿下压以保持身体重心的平稳，双手握住弹力带于内侧肩上，身体向内侧扭紧，练习开始时，髋关节保持稳定，胸椎充分旋转，双手沿着身体转动的趋势向斜下方快速下拉弹力带。

训练方法：每侧练习 8～10 次为一组，练习 3～4 组。

（2）坐姿斜上拉

教学目标：加强身体的旋转爆发力，提高动力链能量传递效率。

动作要领：练习者身体侧向弹力带，两腿分开坐于凳子上，躯干收紧，大腿下压以保持身体重心的平稳，双手握住弹力带于内侧腰际，身体向内侧扭紧。练习开始时，髋关节保持稳定，胸椎充分旋转，双手沿着身体转动的趋势向斜上方快速上拉弹力带。

训练方法：每侧练习 8～10 次为一组，练习 3～4 组。

（3）坐姿推拉

教学目标：加强身体的旋转爆发力，提高动力链能量传递效率。

动作要领：练习者身体侧向弹力带，两腿分开坐于练习凳上，躯干收紧，大腿下压以保持身体重心的平稳，一只手握住弹力带于身前，另一只手握住弹力带于身后。练习开始时，髋关节保持稳定，胸椎充分旋转，双手沿着身体转动的趋势向对侧快速推拉弹力带，练习过程中身体姿态保持稳定。

训练方法：每侧练习 8～10 次为一组，练习 3～4 组。

（4）坐姿正对斜抛实心球

教学目标：加强身体的旋转爆发力，提高动力链能量传递效率。

动作要领：练习者身体正对投掷墙，距墙约 1m，坐在练习凳上。双手握住实心球，旋转躯干并将实心球摆至髋关节外侧，使躯干形成扭紧姿势。练习开始时，以躯干发力为主，双手借助身体转动的惯性顺势把球抛向墙面，球回弹后双手接球，利用球的反弹力扭紧身体还原成基本准备姿势，重复上一动作。

训练方法：每侧练习 8～10 次为一组，练习 3～4 组。

（5）坐姿侧对斜抛实心球

教学目标：加强身体的旋转爆发力，提高动力链能量传递效率。

动作要领：练习者身体侧对投掷墙，距墙约 1m，坐在练习凳上。双手握住实心球，旋转躯干并将实心球摆至髋关节外侧，使躯干形成扭紧姿势。练习开始时，以躯干发力为主，双手借助身体转动的惯性顺势把球抛向墙面。球回弹后双手接球利用球的反弹力扭紧身体还原成基本准备姿势，重复上一动作。

训练方法：每侧练习 8～10 次为一组，练习 3～4 组。

（6）坐姿背对斜抛实心球

教学目标：加强身体的旋转爆发力，提高动力链能量传递效率。

动作要领：练习者身体背对投掷墙，距墙约 1m，坐在练习凳上。双手握住实心球，旋转躯干并将实心球摆至髋关节外侧，使躯干形成扭紧姿势，练习开始时，以躯干发力为主，双手借助身体转动的惯性顺势把球抛向墙面，球回弹后双手接球利用球的反弹力扭紧身体还原成基本准备姿势，重复上一动作。

训练方法：每侧练习 8～10 次为一组，练习 3～4 组。

2. 双膝跪姿旋转爆发力练习

（1）双膝跪姿斜下拉

教学目标：加强身体的旋转爆发力，提高动力链能量传递效率。

动作要领：身体侧向弹力带，呈基本跪姿。双手握住弹力带于身体内侧肩上方。身体向内侧扭紧。练习开始时，髋关节保持稳定，胸椎向外侧充分旋转，双手沿着身体转动的趋势向斜下方快速下拉弹力带。练习过程中，挺胸抬头后背收紧，髋关节保持稳定。

训练方法：每侧练习 8～10 次为一组，练习 3～4 组。

（2）双膝跪姿旋转推举

教学目标：加强身体的旋转爆发力，提高动力链能量传递效率。

动作要领：身体右侧对弹力带，呈基本跪姿；双手握住弹力带于身体内侧髋部，双臂伸直；双臂提举弹力带至胸部，同时，快速转向正面；双臂向左肩上方提举弹力带，至头顶左上方，双臂伸直，同时，胸部快速转向左侧。

训练方法：每侧练习 8～10 次为一组，练习 3～4 组。

（3）双膝跪姿正对斜抛实心球

教学目标：加强身体的旋转爆发力，提高动力链能量传递效率。

动作要领：练习者身体正对投掷墙，距墙约 1m，双腿呈跪姿。双手握住实心球，旋转躯干并将实心球摆至髋关节外侧，使躯干形成扭紧姿势。练习开始时，以扭紧一侧臀肌发力为主，双手借助身体转动的惯性顺势把球抛向墙面，球回弹后双手接球利用球的反弹力扭紧身体还原成基本准备姿势。

训练方法：每侧练习 8～10 次为一组，练习 3～4 组。

（4）双膝跪姿侧对斜抛实心球

教学目标：加强身体的旋转爆发力，提高动力链能量传递效率。

动作要领：练习者身体侧对投掷墙，距墙约 1m，双腿呈跪姿。双手握住实心球，旋转躯干并将实心球摆至髋关节外侧，使躯干形成扭紧姿势，练习开始时，以扭紧一侧臀肌发力为主，双手借助身体转动的惯性顺势把球抛向墙面。球回弹后双手接球利用球的反弹力扭紧身体还原成基本准备姿势。

训练方法：每侧练习 8～10 次为一组，练习 3～4 组。

（5）双膝跪姿背对斜抛实心球

教学目标：加强身体的旋转爆发力，提高动力链能量传递效率。

动作要领：练习者身体背对投掷墙，距墙约 1m，双腿呈跪姿。双手握住实心球，旋转躯干并将实心球摆至髋关节外侧，使躯干形成扭紧姿势。练习开始时，以扭紧一侧臀肌发力为主，双手借助身体转动的惯性顺势把球抛向墙面。球回弹后双手接球利用球的反弹力扭紧身体还原成基本准备姿势。

训练方法：每侧练习 8～10 次为一组，练习 3～4 组。

3. 半跪姿旋转爆发力练习

（1）半跪姿斜下拉

教学目标：加强身体的旋转爆发力，提高动力链能量传递效率。

动作要领：身体侧向弹力带呈半跪姿，右腿在前，髋部朝前，胸部转向右侧，双手握弹力带置于躯干右上方，双臂伸直；双手沿着身体转动的趋势向斜下方快速下拉弹力带，练习过程中身体姿态保持稳定。

训练方法：每侧练习 8～10 次为一组，练习 3～4 组。

（2）半跪姿斜上拉

教学目标：加强身体的旋转爆发力，提高动力链能量传递效率。

动作要领：身体侧向弹力带呈半跪姿，左腿在前，胸部转向右侧，双手握弹力带置于体前，双臂伸直；双臂提举弹力带至胸部，同时，快速转向正面；双臂向左肩上方提举弹力带，至头顶左上方，双臂伸直，同时，胸部快速转向左侧。

训练方法：每侧练习 8～10 次为一组，练习 3～4 组。

（3）半跪姿正对斜抛实心球

教学目标：加强身体的旋转爆发力，提高动力链能量传递效率。

动作要领：练习者身体正对投掷墙，距墙约 1m，两腿前后分开呈半跪姿势，前后支撑腿的大小腿夹角均为 90° 左右。双手握住实心球，身体向后支撑腿方向扭转，将实心球摆至髋关节外侧，使躯干形成扭紧姿势。练习开始时，以躯干发力为主，双手借助身体转动的惯性顺势把球抛向墙面，球回弹后双手接球利用球的反弹力扭紧身体还原成基本准备姿势。

训练方法：每侧练习 8～10 次为一组，练习 3～4 组。

（4）半跪姿下掷药球

教学目标：加强身体的旋转爆发力，提高动力链能量传递效率。

动作要领：练习者呈半跪姿；同伴持药球站立于练习者左侧方向。同伴向地面掷药球；待药球从地面反弹起来后，练习者双手接药球；练习者双手将药球掷向地面，待药球从地面反弹起来后，同伴双手接药球。

训练方法：每侧练习 8～10 次为一组，练习 3～4 组。

（5）半跪姿侧对斜抛实心球

教学目标：加强身体的旋转爆发力，提高动力链能量传递效率。

动作要领：练习者身体侧对投掷墙，距墙约 1m，两腿前后分开呈半跪姿势，前后支撑腿的大小腿夹角均为 90° 左右。双手握住实心球，身体向后支撑腿方向扭转，将实心球摆至髋关节外侧，使躯干形成扭紧姿势。练习开始时，以躯干发力为主，双手借助身体转动的惯性顺势把球抛向墙面，球回弹后双手接球利用球的反弹力扭紧身体还原成基本准备姿势。

训练方法：每侧练习 8～10 次为一组，练习 3～4 组。

4. 前后分腿姿旋转爆发力练习

（1）前后分腿姿掷药球

教学目标：加强身体的旋转爆发力，提高动力链能量传递效率。

动作要领：练习者身体侧对投掷墙，距墙约 1m，两腿分开呈前后分腿姿势，前后支撑腿的大小腿夹角均为 90° 左右。双手握住药球于身体右侧髋部；练习开始时，以躯干发力为主，双手借助身体转动的惯性顺势把球抛向墙面。

训练方法：每侧练习 8～10 次为一组，练习 3～4 组。

（2）前后分腿姿下砍掷药球

教学目标：加强身体的旋转爆发力，提高动力链能量传递效率。

动作要领：基本站立姿；同伴持药球站立于练习者左侧方向，同伴从左侧方向抛出药球，练习者右脚向前迈出一步，呈前后分腿姿势接药球；练习者将药球掷向同伴并回到起始基本站立姿。

训练方法：每侧练习 8～10 次为一组，练习 3～4 组。

（3）前后分腿姿前掷药球

教学目标：加强身体的旋转爆发力，提高动力链能量传递效率。

动作要领：基本站立姿；练习者双手将药球置于右肩上方，躯干稍向右侧方向旋转；左腿向前迈出呈前后高分腿姿，同时右侧手臂借助躯干的旋转力量快速地将药球掷向前方墙壁。

训练方法：每侧练习 8～10 次为一组，练习 3～4 组。

（4）前后分腿姿推拉组合

教学目标：加强身体的旋转爆发力，提高动力链能量传递效率。

动作要领：练习者左腿在前，右腿在后呈前后高分腿姿站立；左手握住弹力带于身前，右手握住弹力带于身后。练习开始时，髋关节保持稳定，胸椎充分旋转，双手沿着身体转动的趋势向对侧快速推拉弹力带，练习过程中身体姿态保持稳定。

训练方法：每侧练习 8～10 次为一组，练习 3～4 组。

（5）前后分腿姿推举

教学目标：加强身体的旋转爆发力，提高动力链能量传递效率。

动作要领：身体右侧对弹力带呈前后分腿姿，左腿在前，胸部转向右侧，双手握弹力带置于体前，距离略比肩宽，右臂伸直；双臂向左肩上方提举弹力带，至头顶左上方，双臂伸直，同时，胸部快速转向左侧。

训练方法：每侧练习 8～10 次为一组，练习 3～4 组。

（6）前后分腿姿下砍

教学目标：加强身体的旋转爆发力，提高动力链能量传递效率。

动作要领：身体侧向弹力带，两腿呈前后分腿姿，前后支撑腿的大小腿夹角均为 90° 左右，内侧臀大肌收紧，外侧大腿下压以保持骨盆水平面的平稳，双手握住弹力带于内侧肩上方，身体向内侧扭紧。练习开始时，髋关节保持稳定，胸椎充分旋转，双手沿着身体转动的趋势向斜下方快速下拉弹力带。

训练方法：每侧练习 8～10 次为一组，练习 3～4 组。

5. 站立姿旋转爆发力练习

（1）站姿推拉组合

教学目标：加强身体的旋转爆发力，提高动力链能量传递效率。

动作要领：将弹力带一前一后固定，练习者基本运动姿站立，双手分别持弹力带，躯干收紧，右手握住弹力带于身前，左手握住弹力带于身后。练习开始时，髋关节保持稳定，胸椎充分向右旋转，双手沿着身体转动的趋势快速推拉弹力带，即左手向前推至水平，右手向后拉至腰间，练习过程中身体姿态保持稳定。

训练方法：每侧练习 8～10 次为一组，练习 3～4 组。

（2）站姿斜下拉

教学目标：加强身体的旋转爆发力，提高动力链能量传递效率。

动作要领：身体侧向弹力带，呈基本准备姿势站立。双手握住弹力带于内侧肩上方，身体向内侧扭紧，练习开始时，双手沿着身体转动的趋势向斜下方快速下拉弹力带，练习过程中身体姿态保持稳定。

训练方法：每侧练习 8～10 次为一组，练习 3～4 组。

（3）站姿斜上拉

教学目标：加强身体的旋转爆发力，提高动力链能量传递效率。

动作要领：身体侧向弹力带，呈基本准备姿势站立。外侧手握住弹力带并置于内侧膝关节上方，身体向内侧扭紧。练习开始时，以内侧臀肌发力为主，下肢做快速蹬地、转髋和伸髋等动作，髋关节、膝关节、踝关节快速充分蹬直，外侧手沿着下肢转动的轨迹顺势向斜上方提拉弹力带至外侧腰部，练习过程中身体姿态保持稳定。

训练方法：每侧练习 8～10 次为一组，练习 3～4 组。

（4）站姿正对抛实心球

教学目标：加强身体的旋转爆发力，提高动力链能量传递效率。

动作要领：练习者身体正对投掷墙，距墙约 1m，呈基本准备姿势站立。双手握住实心球，旋转躯干并将实心球摆至髋关节外侧，使躯干形成扭紧姿势。

练习开始时，以扭紧一侧臀肌发力为主，下肢做快速蹬地、转髋和伸髋等动作，双手借助身体转动的惯性顺势把球抛向墙面，球回弹后双手接球利用球的反弹力扭紧身体还原成基本准备姿势。

训练方法：每侧练习 8～10 次为一组，练习 3～4 组。

（5）站姿侧对抛实心球

教学目标：加强身体的旋转爆发力，提高动力链能量传递效率。

动作要领：练习者身体侧对投掷墙，距墙约 1m，双手握住实心球。旋转躯干并将球摆至外侧髋关节，使躯干形成扭紧姿势。练习开始时，以扭紧一侧臀肌发力为主，下肢做快速蹬地、转髋和伸髋等动作，双手借助身体转动的惯性顺势把球抛向墙面，球回弹后双手接球利用球的反弹力扭紧身体还原成基本准备姿势。

训练方法：每侧练习 8～10 次为一组，练习 3～4 组。

（6）站姿背对抛实心球

教学目标：加强身体的旋转爆发力，提高动力链能量传递效率。

动作要领：背对墙壁，双手持实心球置于身体右侧，两脚左右开立。躯干向右侧旋转，双手将实心球举至身体右侧前方；左脚后撤一步；躯干快速转向左侧，双手将实心球掷向墙壁。

训练方法：每侧练习 8～10 次为一组，练习 3～4 组。

（7）单腿站姿斜上拉

教学目标：加强身体的旋转爆发力，提高动力链能量传递效率。

动作要领：身体侧向弹力带，内侧腿单腿屈膝支撑站立，躯干正直。肩关节放松下沉，双手握住弹力带于内侧腰际，身体向内侧扭紧，练习开始时，下肢以支撑腿臀肌发力并向外旋转躯干，双手沿着身体转动的趋势向斜上方快速上拉弹力带。

训练方法：每侧练习 8～10 次为一组，练习 3～4 组。

（8）单腿站姿斜下拉

教学目标：加强身体的旋转爆发力，提高动力链能量传递效率。

动作要领：身体侧向弹力带，外侧腿单腿支撑站立，内侧腿抬离地面维持平衡，躯干正直，肩关节放松下沉，双手握住弹力带于内侧肩上方，身体向内侧扭紧，练习开始时，下肢以支撑腿侧臀肌发力并向外旋转躯干，双手沿着身体转动的趋势向斜下方快速下拉弹力带，练习过程中身体姿态保持稳定。还原成起始姿势后，再重复上一次动作。

训练方法：每侧练习 8～10 次为一组，练习 3～4 组。

（9）单腿站姿下抛实心球

教学目标：加强身体的旋转爆发力，提高动力链能量传递效率。

动作要领：练习者单脚站立，两手持实心球于右肩上方，通过躯干旋转，两臂将实心球快速地掷向地面。同伴接反弹球后将球掷向地面，练习者接反弹球再次掷出。

训练方法：每侧练习 8～10 次为一组，练习 3～4 组。

（七）快速伸缩复合力量训练

1. 单/双脚纵跳/前跳

教学目标：发展下肢快速伸缩能力。

动作要领：练习者双脚与肩同宽开立/单腿站立，预先快速屈髋屈膝下蹲后，充分伸髋伸膝向上/向前跳跃，双臂上摆或无摆动。

训练方法：训练频率为每周 1～3 次；结合其他练习，单次训练课累积量：初级 60～100 次、中级 100～120 次、高级 120～140 次；次间休息 5～10s，组间休息 2～3min。

2. 单/双脚屈膝跳

教学目标：发展下肢快速伸缩能力。

动作要领：练习者双脚与肩同宽开立/单腿站立，预先快速屈髋屈膝下蹲后迅速向上跳起，起跳至最高处单/双膝拉向胸部，双手快速抱膝并在落地前松开。

训练方法：训练频率为每周 1～3 次；结合其他练习，单次训练课累积量：初级 60～100 次、中级 100～120 次、高级 120～140 次；次间休息 5～10s，组间休息 2～3min。

3. 分腿蹲跳/循环分腿跳

教学目标：发展下肢快速伸缩能力。

动作要领：练习者以前后开立屈髋屈膝约 90° 呈弓步姿势起始，充分向上跳起并双臂协助上摆，保持起始姿势或空中交换腿落地。

训练方法：训练频率为每周 1～3 次；结合其他练习，单次训练课累积量：初级 60～100 次、中级 100～120 次、高级 120～140 次；次间休息 5～10s，组间休息 2～3min。

4. 跨步跳

教学目标：发展下肢快速伸缩能力。

动作要领：练习者单腿微蹲后向前上方跳出，同时对侧腿屈曲上抬以协助跳跃，双臂交互或同时摆动，单腿屈曲缓冲落地。

训练方法：训练频率为每周 1～3 次；结合其他练习，单次训练课累积量：初级 60～100 次、中级 100～120 次、高级 120～140 次；次间休息 5～10s，组间休息 2～3min。

5. 单/双脚跳跃障碍—栏架

教学目标：发展下肢快速伸缩能力。

动作要领：练习者双脚与肩同宽开立/单脚站立，预先快速屈髋、屈膝下蹲后，充分伸髋、伸膝上跳越过栏架，双臂上摆协助。

训练方法：训练频率为每周 1～3 次；结合其他练习，单次训练课累积量：

初级 60～100 次、中级 100～120 次、高级 120～140 次；次间休息 5～10s，组间休息 2～3min。

6. 双脚侧向/“Z”形蹦跳—栏架

教学目标：发展侧向跳跃能力。

动作要领：练习者双脚与肩同宽开立于栏架外侧，预先快速屈髋屈膝下蹲后，侧向/呈“Z”形蹦跳，双臂上摆协助。

训练方法：训练频率为每周 1～3 次；结合其他练习，单次训练课累积量：初级 60～100 次、中级 100～120 次、高级 120～140 次；次间休息 5～10s，组间休息 2～3min。

7. 正向/侧向跳上跳箱

教学目标：发展下肢快速伸缩能力。

动作要领：练习者双脚与肩同宽开立于跳箱正面/外侧，预先快速屈髋屈膝下蹲后跳上跳箱，双臂上摆协助，屈髋屈膝缓冲。

训练方法：训练频率为每周 1～3 次；结合其他练习，单次训练课累积量：初级 60～100 次、中级 100～120 次、高级 120～140 次；次间休息 5～10s，组间休息 2～3min。

8. 单/双腿推蹬跳跃

教学目标：发展下肢快速伸缩能力。

动作要领：练习者一脚置于跳箱，另侧脚置于地面，箱上的脚推蹬以向上跳起，相同脚/换脚落下，双臂上摆协助。

训练方法：训练频率为每周 1～3 次；结合其他练习，单次训练课累积量：初级 60～100 次、中级 100～120 次、高级 120～140 次；组间休息 2～3min。

9. 跳深跳远/上跳/移动

教学目标：发展下肢快速伸缩能力，提高动作速度。

动作要领：练习者双脚与肩同宽开立于跳箱上，跨出箱面后水平跳远上纵跳/侧向移动，双臂摆动协助。

训练方法：训练频率为每周 1～3 次；结合其他练习，单次训练课累积量：初级 60～100 次、中级 100～120 次、高级 120～140 次；次间休息 5～10s，组间休息 3～5min。

10. 阻力助力跳—弹力带

教学目标：发展下肢快速伸缩能力，提高动作速度。

动作要领：练习者双脚与肩同宽开立，双手持弹力带于颈前或将弹力带固定于腰间，预先快速屈髋屈膝下蹲后，充分伸髋伸膝向上跳起，双臂上摆或无摆动。

训练方法：训练频率为每周 1～3 次；结合其他练习，单次训练课累积量：初级 60～100 次、中级 100～120 次、高级 120～140 次；次间休息 5～10s，组间休息 5～10min。

11. 药球前推

教学目标：发展上肢快速伸缩能力。

动作要领：练习者以站姿或跪姿持药球于胸前，手肘外展；预先反向运动后爆发性向前推球，可原地维持身体姿态或跨步以产生动力。

训练方法：训练频率为每周 1～3 次；每组练习 8～12 次，3～6 组；次间休息 5～10s，组间休息 2～3min。

12. 药球过顶掷球

教学目标：发展上肢快速伸缩能力。

动作要领：练习者双脚与肩同宽开立，手持药球于胸前，预先将药球举过头顶并充分伸展身体，跨步向前时将药球掷出。

训练方法：训练频率为每周 1～3 次；每组练习 8～12 次，3～6 组；次间休息 5～10s，组间休息 2～3min。

13. 爆发性下坠—药球

教学目标：发展上肢快速伸缩能力。

动作要领：练习者手肘伸直仰卧于地面，双肩打开约 90°。同伴持药球于高处将球坠下，练习者双臂屈曲接球移至胸口，爆发性地向上推球。

训练方法：训练频率为每周 1～3 次；每组练习 8～12 次，3～6 组；次间休息 5～10s，组间休息 3～5min。

14. 增强式推撑

教学目标：发展上肢快速伸缩能力。

动作要领：练习者直臂撑起呈俯撑姿势，手臂屈曲下降重心后迅速伸展手肘快速推撑。

训练方法：训练频率为每周 1～3 次；每组练习 8～12 次，3～6 组；次间休息 5～10s，组间休息 5～10min。

15. 增强式仰卧起坐—药球

教学目标：发展躯干快速伸缩能力。

动作要领：练习者双腿屈曲坐于地面，躯干和髋部屈曲约 45°，同伴持球面对；同伴将球抛出后，练习者接球缓冲，伸展躯干并将球推出。

训练方法：训练频率为每周 1～3 次；每组练习 8～10 次，3～6 组；次间休息 5～10s，组间休息 5～10min。

实训 9　最大速度与多方向移动训练

从运动力学角度来看，技术动作的最优化是提高速度的一个关键因素。正确的动作技术可以保证运动员合理的用力程序和效果，并可以减少无谓的能量消耗，能使机体获得较好的运动效果并能提高工作效率。

一、直线速度与多方向移动的训练原理

（一）直线速度与多方向移动的运动力学原理

直线速度和多方向移动属于位移速度的两种形式。位移速度包括起动速度、加速度、最高速度和速度耐力。

（二）直线速度与多方向移动的运动生理学原理

从生理学角度讲，速度指肌肉工作时，用最短时间完成动作的能力。在完成动作时都会由反应开始，并经过一定的位置移动，而整个过程外部表现的快慢就是动作速度。

反应速度的快慢主要取决于兴奋通过发射弧所需时间的长短。

动作速度主要是由肌纤维类型的百分组成及面积、肌肉力量、肌肉组织的兴奋性及运动条件反射的巩固程度等因素决定。

位移速度主要取决于步长和步频等变量，又受多种生物力学因素的制约。

多向速度表现的是不定向的位移变化能力。在外界条件突然变化时，机体能迅速做出反应并向需要的角度或方向移动的能力，可用灵敏性来描述。灵敏素质直接影响多向速度的完成效果。

二、最大速度与多方向加速的训练方法

速度指人体快速完成动作的能力，主要有反应速度、动作速度、移动速度等表现形式，分别用来衡量练习者对信号的应答能力、完成动作的快慢，以及机体通过规定距离所需的时间。通过各种形式跑的练习，可以发展快速移动能力和速度反应能力，达到提高最大速度的目的；同时，快速跑能力的提高和对动作的掌握与熟练，还可以为学习其他动作做好准备。通过各种形式的移动及各种规定的图形练习，可以提高身体在各种姿势条件下的机体的快速移动能力。绳梯练习是身体运动功能训练体系中提高练习者脚步移动速度的一个重要方法。

（一）最大速度训练

1. 原地支撑摆腿

练习目的：提高下肢肌群的蹬撑能力，提高蹬摆速度，发展腿部力量。

练习方法：躯干保持正直，大腿积极高抬，约与地面平行，支撑腿充分蹬直，上肢摆臂动作与下肢腿部动作协调。练习时，头颈部和肩带放松，抬腿时大腿和小腿自然折叠，避免躯干前倾。练习 3～4 组，每组做 20 次（左右腿交替进行），组间歇 1min。

强化练习：在髋、膝、踝等部位系弹力带，利用弹力势能增加阻力，增强蹬摆的效果；支撑脚踩平衡盘，在不稳定的条件下增强身体的控制与协调能力，在本体感觉得到强化的基础上，有效提高核心部位的工作强度，进而为提高速度奠定基础。

2. 跑的专门练习

（1）后蹬跑

练习目的：提高跑动频率，增强腿部力量及蹬摆的协调能力。

练习方法：蹬地腿用力蹬伸，积极伸展髋、膝、踝三个关节，摆动腿屈膝前顶送髋，大小腿折叠，小腿放松并自然下垂，脚掌着地瞬间用力扒地，手臂积极摆动，躯干始终保持稍前倾。提膝时大小腿角度也应控制在 90° 左右，摆动腿同侧髋积极前送。练习 3～4 次，每次跑 30m，次间间隔 2min。

强化练习：

1）手扶墙后蹬跑，躯干近端有支撑，有利于核心部位保持稳定，控制重心，避免过分起伏，同时还能有效地提高快速后蹬的频率。

2）持哑铃后蹬跑：增强摆臂力量及躯干控制能力，进而增大腿前摆的幅度。

3）踏标记后蹬跑：不同间隔的标记有利于调整幅度、增大幅度或提高频率。

（2）高抬腿跑

练习目的：发展大腿高抬和上下肢协调配合的能力，增强腿部力量，提高踝关节的力量及缓冲能力。

练习方法：大腿积极向前上摆到水平或水平以上，踝关节放松，落地时大腿积极下压，上体正直或前倾，快速摆臂。练习时身体保持正直或稍前倾，肩带放松。摆臂时手的位置不要高于下颌。练习 3～4 组，每侧腿每组做 20 次，组间歇 1min。

强化练习：

1）行进间踏上标志（可用绳梯或画好格子）：提高频率，增强灵敏性。

2）倒退高抬腿跑：进一步强化发力部位的运动感觉。

3）持哑铃高抬腿跑：增强核心部位的控制能力，提高用力效果。

4）穿沙背心、腿部缠带小沙袋：增大阻力负荷，增加练习后的痕迹效应。

5）上楼梯、上坡高抬腿跑：利用重力势能增强练习效果。

6）下坡高抬腿跑：利用重力势能，加快频率。

3. 起跑和加速跑

练习目的：练习反应能力，提高起跑速度；充分利用向前的冲力，在较短距离内尽快获得高速度。

练习方法：双脚前后站立，距离一脚到一脚半，屈膝降重心，身体前倾，前腿异侧臂屈肘在前；听到“跑”的信号后，两脚用力蹬地，迅速向前冲出，重心前移快速起动，摆动腿的膝关节迅速有力地向前上方摆出，支撑腿在摆动腿积极前摆的配合下，快速有力地伸展髋、膝、踝三个关节，蹬离地面，使支撑腿与摆动腿协调配合，头部正直，上体稍向前倾，两臂前后摆动要轻快有力。练习时前几步不宜过大，以免造成重心起伏而影响蹬地的效果。另外，加速跑的前几步双脚着地并不完全在一条直线的两侧，而是相对较宽，以增加身体的稳定性，进而增强蹬地的效果。练习 3～4 次，每次跑 30m，次间歇 2min。

强化练习：

1）双脚并立起跑：体会身体重心的作用。

2）反向起跑：背对跑进方向，提高快速反应及灵活应变能力。

3）小步跑、高抬腿、后蹬跑接起跑：提高运动中加速和变速能力。

4）上下坡起跑：利用重力势能提高频率或增强腿部力量。

4. 变速跑

练习目的：提高身体素质和爆发力，控制节奏，体会最高的跑速能力和跑到一定距离后的放松感觉。

练习方法：加速时，上体前倾，前脚掌快速蹬地，同时迅速摆臂，加快频率，两臂积极摆动，频率要快。减速时，上体直起，步幅加大，用前脚掌着地，缓冲减速，减速要循序渐进。练习时强调动作幅度，充分利用身体重心调节起跑和急停的时机与角度。练习3～4次，每次跑40m，次间歇2min。

强化练习：

1）听信号、看颜色：提高对不同性质刺激物的应答能力。

2）各种运动场地的限制线间跑动（如篮球场、排球场端线与中线间的往返跑等）：体会不同距离间的起动、急停感觉，提高变速能力。

（二）多方向加速训练

1. 同向侧蹬平行移动

练习目的：发展腿部力量和身体协调性。

练习方法：起动时，跑动方向异侧脚迅速用力蹬地，同时同侧脚迅速跨出一步，同侧脚在异侧脚并未落地时由髋关节外展向同侧跨出。练习时重心不要有起伏，脚蹬伸要充分，步幅要大但不能拖地。练习3～4组，每组做20次，组间歇2min。

强化练习：

1）双向侧蹬：体会不同方向蹬跨的动作。

2）脚踝橡皮筋牵引侧蹬：充分利用等动力量训练的效果，增强蹬摆效果。

2. 背向转身跑

练习目的：提高反应速度和灵敏素质。

练习方法：转身时，以后脚为轴，前脚掌在原地旋碾地，承接转头、转肩、转髋，带动前脚迈向欲变的方向，然后加速前进。转身时要保持屈膝，降低身体重心，身体前倾、身体平稳且迅速。练习3～4次，每次跑20m，次间歇2min。

强化练习：

1）两侧转身：体会不同方向蹬转的发力节奏。

2）各种起跑姿势转身：体会身体在不同姿态下转身加速的能力。

3.“Y”形变向跑

练习目的：发展钝角加速能力、身体协调及平衡能力。

练习方法：直线加速，踏上交叉点后，身体随之向转动方向内倾，后腿迅速蹬地，在体前交叉踏向跑进方向。练习时，要求动作平稳，重心波动差小，四肢配合协调，节奏感明显。练习 3～4 组，每组跑 4 次（两侧各 2 次），组间歇 2min。

强化练习：

1）持重物变向跑：提高肩带力量，增强摆臂速度，增加腿部的压力，提高腿部的蹬摆速度。

2）双脚依次落于交叉点：体会向两侧变向的感觉，提高复杂情境下的转换能力。

4.“Z”形变向跑

练习目的：发展身体灵活性与协调能力。

练习方法：直线加速，踏上拐点处做锐角转弯，最后一步脚尖要内扣并用脚内侧蹬地，同时转腰、配合转移重心，大腿前摆时，右膝关节稍向内，同时摆的幅度比左膝大，左腿前摆时应稍向外，右臂摆动的幅度大于左臂，前摆时稍向左前方，后摆时右肘关节偏外，左臂稍离躯干做前后摆动。练习时先做直线加速跑，再做变向跑，变向时要稍减速。练习 3～4 组，每组跑 4 次（两侧各 2 次），组间歇 2min。

强化练习：分别从“Z”的两个端点起跑：分别体会向顺时针和逆时针变向的感觉。

5.“W”形变向跑

练习目的：提高控制身体重心的能力，发展平衡能力。

练习方法：起动要迅速，在变向时要稍减速并且身体向欲变的方向倾斜，控制重心后再加速。变向时的前一步后脚要与欲变方向相同并体会前脚蹬地和转髋动作。练习 3～4 组，每组跑 4 次（两侧各 2 次），组间歇 2min。

强化练习：

1）分别在“W”的两个端点起跑：分别体会向内和向外的加速转向感觉。

2）持重物跑：提高肩带力量，增强摆臂速度；增加腿部的压力，提高腿部的蹬摆速度。

（三）绳梯训练

1. 方法与步骤

（1）向前交叉换腿跨步

练习目的：提高身体协调能力和脚步灵活性，增强多方向移动配合及大脑对神经的支配能力。

练习方法：面对绳梯，左脚站在框内，右脚站框外，成小弓步；左脚蹬地，右脚踏入前框，左脚在框外，配合手臂动作前后交叉换腿，跨步向前循环。练习

3 组，每组做 3 次，组间歇 1min。可变为背对绳梯向后移动。练习时不要塌腰，重心平稳移动，目视前方。

（2）两腿前交叉向前跳

练习目的：提高身体协调能力和脚步灵活性，增强多方向移动配合及大脑对神经的支配能力。

练习方法：面对绳梯，两脚开立与肩同宽，身体稍前倾，手臂自然下垂；两脚蹬地并一前一后踩在同一框内，落地时继续蹬地，使两腿再次分开于梯外，循环往复。练习 3 组，每组做 3 次，组间歇 1min。可变为背对绳梯向后移动。练习时目视前方，不要塌腰，配合手臂动作。

（3）外侧转髋前跳

练习目的：提高身体协调能力和脚步灵活性，增强多方向移动配合及大脑对神经的支配能力。

练习方法：面对绳梯，两脚开立与肩同宽，手臂自然下垂；双脚蹬地跳起向右转髋的同时往前跳起，左脚落在第二框内，右脚落在第一框内，还原成准备姿势，循环往复。练习 3 组，每组做 3 次，组间歇 1min。可变为背对绳梯向后移动。练习时要注意提高转髋速度。

（4）侧向交叉步

练习目的：提高身体协调能力和脚步灵活性，增强多方向移动配合及大脑对神经的支配能力。

练习方法：侧对绳梯，两脚平行于横杆开立；向右转髋，左脚迈入第一框，右脚随即从左脚后方迈入第二框，左脚从右脚后方迈入第三框，右脚再从左脚前方迈入第四框，循环往复。练习 3 组，每组做 3 次，组间歇 1min。练习时重心保持平稳移动，配合摆臂动作加快动作频率。

（5）侧向螃蟹步

练习目的：提高身体协调能力和脚步灵活性，增强多方向移动配合及大脑对神经的支配能力。

练习方法：侧对绳梯，两脚分开与肩同宽，站于第一、二框内，手臂自然下垂；两脚前后发力，右脚迈入第三框，接着左脚迈入第二框，循环往复。练习 3 组，每组做 3 次，组间歇 1min。练习时重心压低，配合摆臂动作，频率越快越好。

（6）侧向前后并步分腿跳

练习目的：提高身体协调能力和脚步灵活性，增强多方向移动配合及大脑对神经的支配能力。

练习方法：侧对绳梯，两脚开立约半肩宽，站于第一框内，手臂自然下垂；两脚同时起跳，右脚迈向第二框后，左脚迈向第一框前，两脚落地后同时迈向第二框内，再同时起跳，左脚迈向第二框后，右脚迈向第三框前，两脚落地后再同时跳进第三框内，循环往复。练习 3 组，每组做 3 次，组间歇 1min。练习时要注意提高动作速率和准确性。

（7）前交叉向前跑

练习目的：提高身体协调能力和脚步灵活性，增强多方向移动配合及大脑对神经的支配能力。

练习方法：两脚前后开立，右脚在前，站在绳梯的侧后方，双臂自然下垂；左脚后交叉踏入第一框内，右脚踏向第一框的右侧，左脚跟出，重心转移至右脚，左脚做一个垫步，紧接着右脚后交叉踏入第二框内，左脚踏向第二框的左侧，重心转移至左脚，循环往复。可变为背对绳梯向后移动。练习 3 组，每组做 3 次，组间歇 1min。练习时步频要快，在落脚的同时及时转换重心，上半身保持不变，用上转髋的力。

（8）单腿前跳

练习目的：提高身体协调能力和脚步灵活性，增强多方向移动配合及大脑对神经的支配能力。

练习方法：单腿站立于绳梯的侧后方；脚发力做“Z”形单脚跳，沿绳梯连续跳。两腿交替进行练习。可变为背对绳梯向后移动。练习 3 组，每组做 3 次，组间歇 1min。练习时上半身保持稳定，身体重心控制好，动作频率要快。

（9）180° 转髋向前跳

练习目的：提高身体协调能力和脚步灵活性，增强多方向移动配合及大脑对神经的支配能力。

练习方法：两脚前后交叉，左脚在前，右脚在后，两臂自然下垂；双脚起跳，起跳后左右脚前后交换往前跳，每跳一次要过一个框。练习 3 组，每组做 3 次，组间歇 1min。练习时上体正直，双手自然摆动，膝关节弯曲，通过髋的力量带动身体转动，频率要快。

（10）跨骑式向前跳

练习目的：提高身体协调能力和脚步灵活性，增强多方向移动配合及大脑对神经的支配能力。

练习方法：正对绳梯，两脚开立略比肩宽，右脚在绳梯的第一框内，左脚在第一框左侧，膝关节微屈，两臂自然下垂；两脚同时发力，左脚踏入第二框内，右脚踏在第二框的右侧，交替往前跳。练习 3 组，每组做 3 次，组间歇 1min。可变为背对绳梯向后移动。练习时上体保持正直，充分发挥踝关节力量，逐步加快频率。

2. 思考题

（1）分析高抬腿跑和后蹬腿跑的不同。

（2）在跑的过程中如何灵活加速、变速？

（3）不同方向地跑与简单地跑有什么不同？

第三模块　运动保健学

实训 10　按摩的基本手法

一、实验目的

能正确掌握按摩的基本手法，体会手法的功力，即持久、有力、均匀、柔和、深透。

二、实验原理

按摩主要是凭借操作者的双手（及身体的其他部位，或器械）采用专门的手法，在中西医理论的指导下，作用于人体体表的一定部位或穴位上，通过器械、神经、体液的刺激和调节，提高各器官系统的功能，以达到调理人体功能、防治伤病为目的的一种物理疗法。

三、实验器材

挂图、幻灯、录像、沙袋、握力器、按摩床等。

四、常见的按摩方法及种类

常见按摩方法共有 17 种，依据按摩的动作形式，将它们共分成六大类。分别是摩擦类、挤压类、摆动类、叩击类、振动类及运动关节类。详见表 3-1。

表 3-1　按照按摩的动作形式将 17 种按摩方法归类

序号	种类	名称
1	摩擦类	推法、擦法、搓法、摩法、刮法、理筋法
2	挤压类	揉捏法、按法、拿法、掐法、拨法（分筋、拨筋）
3	摆动类	揉法、擦法
4	叩击类	拍击法、弹筋法
5	振动类	抖法
6	运动关节类	运拉法

五、方法与步骤

（一）摩擦类按摩手法

1. 推法　用手或掌等部分着力于被按摩的部位上进行单方向的直线推动为推法。轻推具有镇静止痛、缓和不适感等作用，用于按摩的开始和结束时，以及插用其他手法之间。重推法具有疏通经络、理筋整复、活血散瘀、缓解痉挛、加速静脉血和淋巴回流等作用，可用于按摩的不同阶段。

（1）方法与步骤

1）用手指或掌等部位着力于被按摩的部位上。

2）根据推法用力的大小，可分为轻推法和重推法。选定力度后进行单方向直线推动，一般推 3～5 次。

（2）动作要领

1）轻推法时用的压力较轻，重推法时用的压力较重。做全掌重推法时，四指并拢，拇指分开，要求掌根着力，虎口稍微抬起，必要时可用另一手掌重叠按压于手背上，双手同时向下加压，沿着淋巴流动的方向向前推动。

2）指、掌等着力部位要紧贴皮肤，用力要稳，推进的速度要缓慢而均匀，但不要硬用压力，以免损伤皮肤。

2. 擦法 用手的不同部位着力，手紧贴在皮肤上做来回直线的摩动为擦法。具有温经通络、行气活血、镇静止痛、提高皮肤温度、增强关节韧带的柔韧性等作用。轻擦法多用于按摩开始和结束时，以减轻疼痛或不适感。重擦法多插用于其他手法之间。

（1）方法与步骤

1）用手掌、大鱼际、小鱼际或掌根部位着力于皮肤上。

2）根据力量大小选择轻重手法做来回直线的摩动。

（2）动作要领

1）操作时腕关节要伸直，使前臂与手接近相平，以肩关节为支点带动手掌做前后或左右直线往返擦动，不可歪斜。

2）按摩者手掌向下的压力要均匀适中，擦动时以不使皮肤褶皱为宜。

3）擦法的速度一般较快，往返擦动的距离要长，动作要均匀而连贯，但不宜久擦，以局部皮肤充血潮红为度，防止擦损皮肤。

3. 搓法 用双手挟住被按摩的部位，相对用力，方向相反，做来回快速搓动的手法为搓法。搓法具有疏经通络、调和气血、松弛组织、缓解痉挛、消除疲劳、提高肌肉工作能力等作用。适用于腰背、胁肋及四肢部，以上肢部和肩关节、膝关节处最为常用，常在每次按摩的后阶段使用。

（1）方法与步骤

1）双手呈现抱物形着力于肢体部位，挟住被按摩的部位。

2）相对用力，方向相反，做来回快速搓动，同时做上下往返移动。

（2）动作要领

1）操作时两手用力要对称，动作柔和而均匀，搓动要快，移动要慢。

2）运动前，若采用压力大、频率快而持续时间短的搓动，能提高肌肉的工作能力；运动后，若采用压力小、频率缓慢而持续时间长的搓动，能加速消除肌肉的疲劳。

4. 摩法　用示指、中指、无名指指面或手掌面着力，附着于被按摩的部位上，以腕部连同前臂做缓和而有节奏的环形抚摩活动的手法为摩法。摩法具有和中理气、消积导滞、调节肠胃蠕动、活血散瘀和镇静、解痉、止痛等作用。刺激轻柔、缓和、舒适，常用于按摩的开始、以减轻疼痛或不适；常配合揉法、推法、按法等手法，治疗脘腹胀痛、消化不良、痛经等病症。

（1）方法与步骤

1）用示指、中指、无名指指面或手掌面着力，附着于被按摩的部位上。

2）肘关节要微屈，腕关节要放松，指掌关节自然伸直，轻轻放在体表上，腕部要连同前臂在皮肤上做缓和协调的环旋移动。

（2）动作要领

1）可沿顺时针或逆时针方向做均匀往返的连贯操作。

2）频率约为120次/分。

3）用力不可太重。

5. 刮法　拇指屈曲、用指甲（也可用硬币、匙等代替）在病变部位做单方向的匀速刮动手法为刮法。刮法可起到松解粘连、消散瘀结、改善病变部位的营养代谢和促进受伤组织的修复等作用。

（1）方法与步骤

1）拇指屈曲，用指甲（也可用硬币、匙等代替）着力于病变部位上。

2）向拇指端屈侧作单方向的匀速刮动。

（2）动作要领

1）刮动时用力均匀。

2）刮时可蘸些水，切勿损伤皮肤。

6. 理筋法　用拇指指腹压迫伤部，顺着肌纤维、韧带或神经走行的方向缓慢移动，以顺理其筋的手法为理筋法。理筋法具有调和气血、顺筋归位的作用。多用于治疗急性闭合性软组织损伤。

（1）方法与步骤

1）用拇指指腹压迫伤部。

2）顺着肌纤维、韧带或神经走行的方向缓慢移动，以顺理其筋。

（2）动作要领

1）操作时伤部应尽量放松，用一手拇指指腹固定伤部的健侧端，另一手拇指指腹沿着韧带、肌纤维和神经走行的方向向患端顺理，也可从伤部的上端向下端顺理，反复数遍。

2）用力必须均匀持续，指腹移动必须缓慢。

（二）挤压类按摩手法

1. 揉捏法　拇指外展，其余四指并拢，手成钳形，将全掌及各指紧贴皮肤上，做环形旋转的揉捏动作，边揉边捏，边做螺旋形向心方向推进的手法为揉捏法。揉捏法具有促进局部组织血液循环和新陈代谢、增加肌力和防止肌肉萎缩、缓解肌肉痉挛、消除肌肉疲劳和活血散瘀、止痛等作用。多用于四肢、臀部等肌肉肥厚处，常与揉法交替使用。

（1）方法与步骤

1）拇指外展，其余四指并拢，手成钳形，将全掌及各指紧贴于皮肤上。

2）做环形旋转的揉捏动作，边揉边捏边做螺旋形向心方向的推进。

3）操作时全掌要紧贴皮肤，以拇指指腹和大鱼际构成钳形着力的一面，与四指指腹和小鱼际构成着力的另一面。捏紧时前臂略做旋后，使得拇指螺纹面由外向后旋转，随着手的放松，拇指螺纹面继续向内旋动，做完圆形揉动的一周，接着全掌向前滑动约一拇指宽的距离。如此周而复始地边揉边捏，边螺旋形向前推进。

（2）动作要领

1）揉捏要求全掌着力均匀，必须有意识地减少示指与拇指尖习惯性的对掌用力，以加强拇指与其他三指的掌根对掌用力。

2）要求腕部柔和放松。

2. 按法 用指、掌、肘或肢体的其他部分着力，由轻到重地逐渐用力按压在被按摩的部位或穴位上，停留一段时间（约 30s），再由重到轻地缓缓放松的手法为按法。按法具有舒筋活络、放松肌肉、消除疲劳、活血止痛、整形复位等作用。拇指按法适用于经络穴位，临床上常与拇指揉法相结合，组成按揉复合手法，以提高按摩效应及缓解用力按压后的不适感。掌按法多用于腰背部、肩部及四肢肌肉僵硬或发紧处，也用于关节处，如腕关节、踝关节等。用指端、肘尖、足跟等点按穴位，是穴位按摩常用的手法。

（1）方法与步骤

1）用指、掌、肘或肢体其他部分着力于皮肤上。

2）由轻到重地逐渐用力按压在被按摩的部位或穴位上，停留一段时间，再由重到轻地缓慢放松。

3）按法中以指按法和掌按法两种最为常用。拇指或示指、中指、无名指面着力，按压体表某一部位或穴位，称为指按法。用单掌或双掌掌面，或掌根重叠按压体表某一部位，称掌按法。

（2）动作要领

1）按压着力部位要紧贴体表不可移动，操作时用力方向要与体表垂直，由轻到重、稳而持续，使力达到组织深部。

2）拇指按穴位要准确，用力以患者有酸、胀、热、麻等感觉为度。

3. 拿法 用单手或双手的拇指与示、中两指，或拇指与其他四指指面着力，相对用力在一定的穴位或部位上进行有节律的提、拿、捏为拿法。拿法具有疏通经络、解表发汗、镇静止痛、开窍提神、缓解痉挛等作用。主要用于颈项、颈背及四肢部。临床上常取风池、肩井等穴位及颈项两侧部位，治疗外感头痛，或用于运动过程中振奋精神，是穴位按摩的常用手法。

（1）方法与步骤

1）用单手或双手的拇指与示指、中指两指，或拇指与其他四指指面着力。

2）相对用力在一定的穴位或部位上，进行有节律的提拿。

（2）动作要领

1）操作时肩臂要放松，腕要灵活，以腕关节和掌指关节活动为主，用指面相对用力提拿。

2）用力要由轻到重，再由重到轻。

3）拿法刺激强度较大，拿捏持续时间宜短，次数宜少，拿后应配合使用轻揉法，以缓解刺激引起的不适。

4. 掐法　用拇指指端或指甲缘着力，切取一定的部位或穴位，用持续或间断的力垂直向下按压的手法为掐法。这种手法具有消肿、防止粘连及开窍醒脑、提神解痉、行气通络的作用，适用于消除局部肿胀。常用于急救，是穴位按摩常用手法。

（1）方法与步骤

1）用拇指指端着力，切取一定的部位或穴位。

2）用持续或间断的力垂直向下按压。

（2）动作要领

1）用于局部消肿时，必须从肿胀部位的远心端开始，以轻巧而密集的手法向下切压皮肤，依次向近心端移动，移动的速度宜缓慢，用力不可过大。

2）用于点掐穴位时，要手握空拳，拇指伸直、紧贴示指桡侧缘，用拇指指端或指甲（以指代针）着力于穴位上，用力逐渐加重，以引起“得气”力度，掐后轻柔局部以缓解不适感。

3）用于急救时，手法宜重、快，但要防止指甲刺破皮肤。

5. 拨法（分筋、拨筋）　用双手拇指或单手指的指端陷压于一定部位上，适当用力做与韧带或肌纤维垂直方向来回拨动的手法为拨法。拨法具有分离粘连、消散结节、解痉止痛等作用。常用于治疗肌肉、肌腱及韧带的慢性损伤。拨与揉结合，即拨揉是穴位按摩常用的手法。

（1）方法与步骤

1）用双手拇指或单手拇指的指端陷压于一定部位上。

2）适当用力做与韧带或肌纤维垂直方向的来回拨动。

（2）动作要领：操作时拇指端要深按于韧带或肌肉、肌腱的一侧，然后做与韧带和肌纤维呈垂直方向的拨动，好像弹拨琴弦一样。也可沿筋内的一端依次向另一端移动弹拨，以局部有酸胀感并能耐受为度。

（三）摆动类按摩手法

1. 揉法 用手的不同部位，着力于一定的部位上，做圆形或螺旋形的揉动，以带动该处的皮下组织随手指或掌的揉动而滑动的手法为揉法。

（1）方法与步骤

1）用手掌、掌根、大鱼际、小鱼际、拇指或四指指腹部分着力于皮肤上。

2）做圆形或螺旋形的揉动，以带动该处的皮下组织随手指或掌的揉动而滑动。

（2）动作要领：揉动时手指或掌根要紧贴在皮肤上，不要在皮肤上移动，手腕要放松，以腕关节同前臂或整个手臂做小幅度的回旋活动，不要过分牵扯周围皮肤。

2. 㨰法 用手背近小指侧部分或小指、无名指、中指的掌指关节凸起部分着力，附着于一定部位上，通过腕关节伸屈和前臂旋转的复合运动，持续不断地作用于被按摩的部位上，此为㨰法。㨰法具有活血散瘀、消肿止痛、缓解肌肉痉挛、增强肌肉活动能力和韧带柔韧性、促进血液循环及消除肌肉疲劳等作用。本法压力较大，接触面积较广，适用于肩背部、腰骶部及四肢等肌肉较肥厚的部位，常用于治疗运动损伤及消除肌肉疲劳。

（1）方法与步骤

1）用手背近小指部分或小指、无名指、中指的掌指关节凸起部分着力于皮肤上。

2）通过腕关节伸屈和前臂旋转的复合运动，持续不断地作用于被按摩的部位上。

（2）动作要领

1）㨰法操作时，腕关节要放松，腕关节伸屈的幅度要大，使手背滚动幅度控制在 120° 左右，即腕关节屈约 80°，伸约 40°。

2）着力要均匀、动作要协调而有节律，一般㨰动的频率是 120～160 次/分。

（四）叩击类按摩方法

1. 拍击法 用手掌或手的尺侧面等拍击体表的手法为拍击法。常用的有拍打法、叩击法和切击法。3 种手法均具有促进血液循环、舒展肌肉筋骨、消除疲劳和调节神经肌肉兴奋性的作用。多用于肩背、腰臀及四肢等肌肉肥厚处。缓缓地拍打和叩击，常用于运动后疲劳消除。用力较大、频率加快、持续时间短的切击法，常用于运动前提高神经肌肉兴奋性。单指或多指的叩击是穴位按摩常用的手法。

（1）方法与步骤

1）拍打时，两手半握拳或五指并拢，拇指伸直，其余四指的掌指关节屈曲成空心掌，掌心向下。

2）叩击时，两手握空拳，尺侧面向下。也可用 5 个手指或 3 个手指或 1 个手指指端叩打在一定的部位上。

3）叩击时，两手的手指伸直，五指并拢，尺侧面向下。

4）两手有节奏地进行上下交替拍打。

（2）动作要领

1）拍打时，肩、肘、腕要放松，以手腕发力，着力轻巧而有弹性，动作要协调灵活，频率要均匀。

2）叩击和切击时，以肘为支点进行发力。叩击时肩、肘、腕部要放松；切击时肩、肘、腕部要紧张，力达组织深部。动作要协调、连续、灵活。

2. 弹筋法 用拇指与示、中两指或拇指与其他四指指腹将肌肉或肌腱速提速放的手法为弹筋法。弹筋法具有舒筋活络、畅通气血、解痉止痛的作用，而且对局部神经有强刺激作用，一般用于治疗肌肉酸痛和肌肉痉挛等。

（1）方法与步骤

1）用拇指与示、中两指或拇指与其余四指指腹将肌肉或肌腱拿住。

2）像木工弹墨线一样拿住肌肉速提、速放。

（2）动作要领

1）用指腹着力，切勿用指端用力内掐。

2）用力要由轻到重，刚中有柔，每处每次可提 1～3 下，然后使用轻揉法，缓解因提弹而引起的不适感。

（五）振动类按摩手法

抖法：分肢体抖动法和肌肉抖动法两种。肢体抖动法用双手或单手握住肢体远端，微微用力做连续、小幅度的上下快速抖动。肌肉抖动法用手轻轻抓住肌肉，进行短时间的左右快速抖动。抖动具有舒筋通络、放松肌肉、滑利关节的作用。多用于肌肉肥厚的部位和四肢关节，常用于运动后消除疲劳，是一种按摩结束阶段的手法。

（1）方法与步骤

1）用肢体抖动法时，用双手或单手握住肢体远端，微用力做连续、小幅度的快速抖动（上肢可做上下左右的抖动，下肢一般可做上下抖动）。

2）用肌肉抖动法时，用手轻轻抓住肌肉进行短时间的左右快速抖动。

（2）动作要领：动作要连续、均匀，频率由慢到快，再由快到慢；抖动的幅度要小，频率一般较快，用力不要过大。

（六）运动关节类按摩手法

运拉法：用一手握住被按摩者关节远端肢体，另一手握住关节近端肢体，在关节的生理活动范围内做被动运动的手法为运拉法。运拉法具有滑利关节、舒筋活血，防止或松解关节粘连，改善关节运动功能和纠正小关节处微细解剖位置改变等作用。适用于四肢关节及颈腰部。常在按摩的后阶段使用，能增加关节的活动幅度和消除关节屈伸不力、疲劳性酸痛等。

（1）方法与步骤

1）按摩者一手握住关节远端肢体，另一只手握住关节近端肢体。

2）在关节的生理活动范围内做被动运动。

3）常用的有肩、肘、腕、髋、膝、踝等关节运拉法。

（2）动作要领

1）运拉时动作要缓和，用力要稳。动作幅度要在生理活动范围内做到由小到大。

2）做环转运动时，可沿着顺时针或逆时针方向进行。

六、实验报告（表 3-2）

表 3-2 按摩的基本手法

姓名__________ 年级__________ 班级__________ ________年____月____日

1. 写出下列手法应月时的顺序和手法的分类（以按摩的动作形式分为：摩擦类、挤压类、摆动类、叩击类、振动类、运动关节类。以用力方向分：平行用力手法、垂直用力手法、对合用力手法、对抗用力手法、关节运动类手法）。

（1）推法：

（2）运拉法：

（3）擦法：

（4）揉法：

（5）揉捏法：

（6）搓法：

（7）按法：

（8）拍击法：

（9）抖法：

2. 写出手法学习中的体会（指出手法的重点、难点）。

考试成绩及评语：

教师签名：______________

________年____月____日

实训 11　保健按摩

一、实验目的

学习本实验可使学生初步掌握保健按摩的基本程序和方法。

二、实验原理

保健按摩是通过按摩这种良性的物理刺激，作用于身体的一定部位或穴位，以提高人体各部位功能的能力，达到有病治病、无病强身目的的一种自然疗法。

三、实验器材

按摩床、枕头、床单等。

四、方法和步骤

【全身按摩】

（一）颈部

1. 方法与步骤

（1）患者取坐位或俯卧位，操作者立于患者左侧（操作者以右手为例）或坐于患者头顶侧。

（2）推法：用双手虎口处或双拇指，沿颈椎两侧及颈椎，自上而下地至肩部，重复 3～5 次。

（3）拿法：用单手或双手的拇指与其他四指自上而下拿至肩部，重复 3～5 次。

（4）揉法：用单手拇指自上而下揉颈椎，拇指和四指揉颈椎两侧肌肉，重复 3～5 次。

（5）拍击法：用单手切击或双手合击自上而下叩至肩部，重复 3～5 次。

（6）运拉法：用左手在前托住颈下部，右手在后托住枕部，使颈部做前屈、后伸、侧拉、旋转、拔伸等被动运动。

2. 动作要领　颈部按摩的方向应自上而下，运拉时切忌暴力。

（二）腰背部

1. 方法与步骤

（1）患者取俯卧位，操作者立于患者左侧，右手操作。

（2）推法：右手全掌自腰骶先右后左推向肩部（也可双手同时从腰骶推向肩部)，力度为先轻后重，重复 3～5 次。

（3）擦法：用掌侧小鱼际处，在脊椎处上下重复摩擦 3～5 次，然后在背部两侧用平掌摩擦。

（4）揉法：先用单手在腰背部做大面积的轻揉，然后两手交叉用双手小鱼际做较大面积中等力度按摩。最后双手重叠用掌根加压做重点部位的按摩。一般重复3～5次。

（5）按压：用双手并列从上到下按压腰背部肌肉，从中间到两边，力度为先轻后重、重后再轻。按下后停留3～5s，然后缓慢抬起。若需加力按压可采用双手重叠，借助身体重心的力量，在所需按压的重点部位用掌根施术。脊椎处按压可适当采用冲击力或缓慢按下、突然抬起的方式，这样可改善椎体间小关节紊乱的情况。

（6）点式：用点穴手法点按（用拇指的指端或中指的指端由轻到重点按穴位）委中、环跳、大肠俞、肾俞、天宗穴。每穴点按一次，每次点按20～40s。

（7）滚法：单手或双手在背部自上而下、腰部两侧重点操作。

2. 动作要领 滚医者在背部沿膀胱经及督脉，自上而下施以滚法，从胸椎至足跟部。

（三）胸腹部

1. 方法与步骤

（1）患者取仰卧位，操作者立于患者右侧。

（2）推法：用四指指腹，自天突穴向下沿胸骨至剑突做推摩，一般做3～5次。用双手拇指，从剑突向肋弓两侧分推上腹部3～5次。

（3）擦法：主要作用于胸肋间，用分肋法（左手五指自然分开按压在肋骨上，右手交叉于左指间隙在肋间反复擦动）。两边各操作3～5次。

（4）揉法：重点做腹部的圆形或螺旋形揉动，力度先轻后重。

（5）摩法：在腹部以脐眼为中心，由右向左画“？”号摩动。

（6）点穴：点按天突、鸠尾、中脘、天枢、气海等穴。

2. 动作要领 胸部按摩力度不宜过大。

（四）下肢

1. 方法与步骤

（1）患者取仰卧位。操作者立于右侧，右手操作。

（2）推法：患者下肢伸直，从踝部起到大腿的根部，先上、后内、外侧不间断地从下推向上端。每侧面推3～5次。

（3）擦法：重点在踝、膝、髋部韧带处做擦法，直到局部发热。

（4）揉捏：膝关节屈曲，左手固定膝部，右手做小腿后侧三头肌的揉捏，然后做股四头肌和股后肌群的揉捏，每部位做5～8次。

（5）点穴：点按冲门、风市、阴陵泉、阳陵泉、足三里、委中、三阴交、悬钟、昆仑等穴。

（6）叩打：用轻拍、切击手法自上而下各做3～5次。

（7）运拉：按髋、膝、踝顺序做关节各方位的功能活动，活动幅度由小到大，但力量要柔和。

2. 动作要领　重点做运动负荷比较大的肌群。

（五）上肢

1. 方法与步骤

（1）仰卧位或坐位。

（2）推法：患者上肢伸直，操作者先做远侧肢体，从手部起到肩部，先前、后、内、外侧及下（后）面，不间断地从下推向上端。每侧推 3～5 次。

（3）擦法：重点在腕、肘、肩部韧带处做擦法，直到局部发热。

（4）揉捏：从前臂向肩部方向做起，每部位做 5～8 次。

（5）点穴：点按合谷、内关、外关、曲池、肩井等穴。

（6）叩打：自下而上用轻拍、切击手法各做 3～5 次。

（7）运拉：按肩、肘、腕顺序做关节各部位的功能活动，力量要缓。

2. 动作要领　重点做运动负荷比较大的肌群。

【自我按摩】

（一）头颈部按摩

1. 取坐（站）位。

2. 头稍抬起，按摩颈部时拇指与四指分开，两掌分别置于胸锁乳突肌上面向下做推摩，双手交替进行。

3. 颈后用单手或双手指腹做推摩，自上而下由内而外揉捏，然后做揉和揉捏手法。

（二）面部按摩

1. 按摩者站或坐均可。

2. 两手掌相对搓热后做干洗脸　从下颌正中线向两侧经面颊至太阳穴向上至前额，从前额沿面正中线自上而下至下颌正中线，反复约做 10 次或以感到发热为度。

3. 左右旋转眼球　轻闭双眼将双手指腹擦热后轻贴在眼球上，使眼球上下、左右旋转各 5 次，转动时要先注视某一物体，再以示、中、无名指三指指腹按压眼球（3～5s），再从攒竹穴抹至太阳穴，重复 3 次。

4. 刮眼眶　用双手示指（或中指）中节，从内向外刮上下眼眶各 8～10 次。

5. 运眉弓　两手中指指腹从印堂穴沿眉心向外运到眉外侧端，分推运揉 5～8 次，点揉眼周围。

6. 推摩鼻翼　拇指与示指成“八”字，其余三指弯曲，拇指在颌下，示指从目内眦向下沿鼻翼两侧向下推摩数十次或以发热为度。

7. 捋耳轮 用双手拇、示两指，拇指在后，示指在前。从上到下捋耳轮，反复 8～10 次。

8. 揉耳根 用双示指（或中指），在耳前根、耳后根做上下揉推各 8～10 次。

9. 鸣天鼓 取站或坐位，用双手掌将两耳向前压盖耳孔，余指在脑后枕骨结节处弹击。

（三）胸、腹部按摩

1. 取坐（站）或仰卧位。

2. 两手指、掌从胸大肌斜向外下方分推、揉。

3. 取仰卧位，屈膝、屈髋，使腹肌放松，多用揉等手法，揉时以脐为中心自左向右慢速运揉 15～20 次。

4. 揉搓两肋，左右两掌分别从两肋部向下推搓至小腹，反复推搓 15～20 次。

（四）腰骶部按摩

1. 取坐（站）位。

2. 按摩时，身体微前屈，多用推、擦、揉、叩等手法。

3. 双手握拳，以手背紧贴腰部棘突的两侧，做环形、上下揉捏 20～30 次。

4. 在腰骶部可两手握拳，用手背或掌指关节的突起部揉搓，用力由轻到重自觉有热感为度，一般持续 2～3min。

（五）上肢按摩

1. 手、胸 取坐（站）位。一侧前臂支持在同侧的大腿上，多用推、擦、捏、揉等手法。

2. 前臂 体位同上。多用推、擦、揉、捏等手法。

3. 上臂 取坐位。多用揉、捏、擦等手法。

（六）下肢按摩

1. 臀部 取立位。被按摩的一侧稍屈膝，躯干略前倾，整个身体重量支持在另一侧肢体，用同侧手做推、擦、揉、揉捏、肌肉抖动等。

2. 大腿 取坐位。被按摩的下肢伸直，做股四头肌按摩；然后膝微屈，同时大腿稍外旋，做股内、股后肌群按摩。

3. 膝关节 取坐位。被按摩的下肢伸直，用推、擦、揉等手法。

4. 小腿 取坐位。被按摩的下肢屈膝屈髋，另一大腿微外旋，用推、擦、揉捏、肌肉抖动等手法。

5. 足踝部 取坐位。按摩足背时，被按摩肢体屈膝、屈髋，按摩足底、足趾时，把小腿置于另一大腿上，用擦、推、揉和运拉等手法。

五、注意事项

操作时，术者首先考虑所站立的位置及身法、步法、手法、功法等。

1. 位置　是指操作时，术者与患者所处的距离和方向关系。一般操作时术者与患者的距离应保持在10～20cm，太远不易发力，太近不易操作。操作时要面向患者，精力要集中，意识要专一。

2. 身法　操作时要自然站立，躯干不得弯曲，不可挺胸凸肚，下肢根据所操作部位的高低行弓步，身体位置高低要及时调整。

3. 步法　一般操作时可两脚自然开立，与肩同宽，双腿伸直，以使身体转动灵活。移动自如，操作面积较大，用力较重时，可用弓步侧对患者加力操作。

4. 手法　多数手法要求沉肩坠肘，掌虚指实，无论虚腕、实腕均应放松。

5. 功法　持久有力、均匀柔和。

6. 用力　发力在脚，用力在腰，促动肩臂，力贯指端。

六、实验报告（表3-3）

表3-3　保健按摩

姓名____________　年级__________　班级________　　______年___月___日

1. 用学过的按摩手法编一套头部、面部的保健按摩手法。

2. 亲自认真地按实验中的程序做一遍全身放松按摩，写出自己的体会。

考试成绩及评语：

教师签名：__________

______年___月___日

实训12　运动按摩

一、实验目的

学习本实验可使学生能正确掌握运动按摩的各成套手法，并能达到在实践中初步应用。

二、实验原理

利用按摩手法的不同变化及按摩时间、面积、强度、频率的调整，以求达到使人体在运动或比赛的前、中、后阶段处于适宜的状态，预防伤病，消除疲劳。

三、实验器材

教材、挂图、录像片、按摩床、床单、枕头等。

四、方法和步骤

【运动前按摩】

（一）提高兴奋性的按摩

运用按摩手法使比赛前处于抑制状态的运动员调节到适宜的兴奋状态。

1. 方法与步骤

（1）被按摩者取坐位，操作者立于身旁。

（2）用双手拇指指腹由下向上揉推攒竹、丝竹空、太阳穴等穴，接着下点揉风池、大椎、内关、足三里等穴。

（3）用双手在被按摩者肩部两侧斜方肌处快速揉捏。

（4）拍击头、颈、肩部。

（5）迅速抖动上肢。

2. 动作要领

（1）手法要干脆利索，要力量重、速度快、时间短、按摩面积小。

（2）按摩时间，一般在准备活动之后，比赛之前 5～8min。

（3）操作时间，一般 3～5min。

（二）克服赛前过分紧张状态的按摩

运用按摩手法使赛前处于过度兴奋状态的运动员调整到相对抑制状态。

1. 方法与步骤

（1）被按摩者取仰卧位或坐位。

（2）头部从前到后做轻推、按摩 5～8 次。

（3）轻点揉印堂、太阳、百会、风池穴，各穴做 10～20 次。

（4）用十指指端从前额向后梳头约 10 次。

（5）对将要运动的大肌肉群沿向心方向进行轻揉捏。

2. 动作要侧

（1）手法要轻柔和缓，要力量轻、速度慢、时间长、按摩面积大。

（2）按摩时间，一般在赛前 10～20min。

（3）操作时间，一般为 15～20min。

【运动中按摩】

利用运动中的间歇进行按摩，迅速消除肌肉的僵硬、疲劳和紧张状态。

1. 方法与步骤

（1）视不同情况而定。

（2）项目不同，运用的手法和部位也不同，但须按摩的肌肉要充分放松。

（3）跑跳项目的运动员应揉捏和抖动下肢的肌肉、擦摩踝关节及膝关节、拍打肩关节。投掷项目的运动员用揉捏、搓和抖动等手法对上肢肢体进行按摩，擦摩和揉推肩胛部和腰背部。篮球暂停休息时在上肢做搓、抖等手法。

2. 动作要领

（1）重点做运动负荷较大的肌群。

（2）操作时间，一般 1～3min。

【运动后按摩】

运动后按摩可帮助运动员迅速克服和消除由于运动或比赛所产生的疲劳。

1. 方法与步骤　具体方法与步骤参见“保健按摩”（实训 11）。

2. 动作要领

（1）照顾重点，顾及全身。

（2）按摩时间，在比赛、调练后，或晚饭 1h 后，或睡前 1h。

（3）操作时间，一般 20～45min。

五、实验报告（表 3-4）

表 3-4　运动按摩

姓名__________　年级__________　班级__________　______年____月____日

1. 简述运动按摩分几个阶段，不同阶段的目的及要求是什么？

2. 兴奋性按摩和抑制性按摩的本质区别和要求是什么？

3. 运动后按摩的目的和身体按摩的顺序，列举 3 个重点手法。

考试成绩及评语：

教师签名：__________

______年____月____日

实训 13　治疗按摩

一、实验目的

学习本实验可使学生学习并掌握治疗按摩的操作手法并运用于运动性伤病的治疗。

二、实验原理

主要通过纠正局部解剖变位，改善局部血液循环，改变局部病理变化等途径达到治疗伤病的目的。

三、实验器材

教学可视材料、按摩床、床单、枕头、按摩巾（白棉布 1m×1m）等。

四、方法和步骤

【踝关节扭伤】

（一）损伤原因及病理

损伤多在间接外力的作用下，使踝关节发生超范围的运动，使关节、韧带受到过度的或猛烈的牵拉而造成。轻者出现少量韧带纤维断裂，重者则是部分韧带纤维断裂或韧带完全断裂，甚至引起关节半脱位或完全脱位。

（二）临床表现及诊断

多发生在外踝，有明显的扭伤史，局部肿胀、疼痛，足内翻试验阳性。

（三）方法与步骤

1. 准备手法 疏通血脉，缓解痉挛，时间约 3min。

（1）擦法：先轻后重，擦足部和小腿 3～5 次。

（2）推法：由足趾向小腿到膝，先前再后推 3～5 次。

（3）揉法：先做较大面积的足、踝、小腿的放松揉及揉捏，然后受伤局部重点按揉。

（4）点穴：解溪、昆仑、太溪、悬钟、足三里、委中。

2. 治疗手法 对症处理，时间约 5min。

（1）瘀血肿胀：推、揉、切。

（2）组织粘连：揉、分筋。

（3）结构变位：理筋、弹筋、运拉。

3. 结束手法 缓解强手法的不良刺激，时间约 2min。

（1）局部按压。

（2）由远端向近端推至膝部。

（3）做足、踝部的抖动。

【指间关节挫伤】

（一）损伤原因及病理

损伤多为手指受到侧向的外力冲击或受到暴力作用使关节过伸所致。可引起关节囊和侧副韧带的损伤或撕裂，一般多发生在第一掌指关节和其他各指的近侧指间关节，有时伴有撕脱骨折。

（二）临床表现及诊断

急性损伤时疼痛剧烈，关节周围红肿，运动功能发生障碍，局部压痛。若一侧韧带断裂，出现轻度侧弯畸形和异常的侧向运动。关节脱位时，伤指向背侧屈曲或畸形。X线摄片检查，有时可见指骨基底部的撕脱骨片。

（三）方法与步骤

手指挫伤即刻若有脱位畸形可立刻纵向牵引复位，捏住受伤关节两侧防止出血，然后加压包扎，抬高伤肢与健指固定。此时严禁按摩，出血停止约3天以后再施按摩术。

1. 准备手法

（1）推：由手指向手腕部推伤指的不同侧面3～5次。

（2）擦：在伤指关节两侧擦3～5次。

2. 治疗手法

（1）揉：重点在伤处由轻到重揉2～3min。

（2）搓：由伤指远端向近端搓5～7次。

（3）运拉：用柔和轻缓的力量做纵向牵拉和各方向的运动。

3. 结束手法

（1）轻推。

（2）轻揉。

【落枕】

（一）损伤原因及病理

多由体质虚弱、劳累过度、枕头高低不适、躺卧姿势不良、经常低头工作、颈肌劳损或肩部暴露受风、感受风寒所引起，造成肌肉痉挛或颈部小关节紊乱。

（二）临床表现及诊断

多见于酣睡醒后，颈部胸锁乳突肌或斜方肌痉挛僵硬，转动时活动受限，疼痛加剧，可向头部、背部及上肢放射，有时见于急性扭伤。表现为颈部肌肉紧张、旋转困难、头向患侧偏斜，胸锁乳突肌或斜方肌的上缘均有明显压痛。

（三）方法与步骤

1. 准备手法

（1）推：由颈部下端两侧用双手向下推至肩部3～5次。

（2）揉：由上向下揉颈部肌肉，重点揉斜方肌、胸锁乳突肌。

2. 治疗手法

（1）点穴：风池、大椎、肩井、天宗。

（2）㨰法：在颈、背部肌肉处反复㨰动。

（3）弹拨：斜方肌、胸锁乳突肌。

（4）运拉：用手法对颈部进行牵引，并向各方向运拉及扳动。

3. 结束手法

（1）轻接。

（2）顺理。

【腰背肌肉筋膜炎】

（一）损伤原因及病理

该病是腰背疼痛的重要原因。病因至今尚未十分清楚，文献中曾有腰背肌肉劳损、腰背纤维炎、腰背筋膜疼痛综合征等名称。该病的治疗方法很多，其中按摩疗法是一种有效的治疗手段。

（二）临床表现及诊断

腰部两侧肌肉不适，长时间维持一种姿势时症状加剧，遇热或活动时疼痛减轻。

（三）方法与步骤

1. 准备手法

（1）摩：患者俯卧，按摩者站在一侧，抚摩腰背部，以手掌紧贴在腰部皮肤上。用前臂带动手腕做有节律的环形抚摩。从上至下，先健侧后患侧缓慢而柔和地进行，以 60 次/分的频率做 30s。

（2）揉捏：揉捏腹部诸肌，揉捏方向与肌纤维垂直，从上到下直至臀大肌。先轻后重，先健侧后患侧，重点要放在棘突两侧竖直肌和压痛明显处，反复揉捏 1～2min。

（3）点穴：点按命门、肾俞、腰眼、大肠俞、环跳、委中穴。

2. 治疗手法

（1）揉：按摩者以掌根或小鱼际着力，在病灶部位做环形揉推法，边揉边移动，持续 2～3min，再以掌根沿脊椎做鱼摇尾式推摩，反复推摩 8～12 次。

（2）运控

1）腰部侧扳法：患者侧卧，双下臂交叉于胸前，下面的下肢放松伸直，上面的下肢自然屈曲。按摩者一手或肘抵住患者肩前部，另一手或肘抵住臀部，两手向相反方向用力，先摇动腰部，摇至有明显阻力时，再施一个增大幅度的突然扳动。此时常可听到“咯嗒”响声，示手法成功。

2）单腿后扳法：患者俯卧，下肢伸直，按摩者立于一侧，一手臂抱托患者一侧大腿的下 1/3 处，用力向上扳动（过伸），同时用另一手掌根按压腰部，扳按 3～5 次，再如此扳另一条腿。

3）双腿后扳法：方法同“单腿后扳法”，唯双腿同时后扳，连续扳 3～5 次。

3. 结束手法

推法：患者俯卧，按摩者站在体侧，双手拇指在内，余四指并拢在外，自下而上以拇指进行推摩，拇指紧贴皮肤沿皮肤轻轻上滑，再紧贴皮肤下推，着力点在皮下深层组织，切勿摩擦皮肤，以避免出现疼痛。然后再点按肺俞、肾俞穴。

【髌骨劳损】

（一）损伤的原因及病理

髌骨劳损是指髌骨软化症和髌尖末端病的总称。这两种损伤可单独发病，也可同时存在，损伤的原理基本相同，都是局部负荷量过重或局部慢性损伤的累积所致。

（二）临床表现及诊断

起初发病症状不明显，逐渐感到膝痛、膝软，症状严重时活动受限。本病一确诊，除调整运动负荷外，可进行按摩治疗。

（三）方法与步骤

1. 准备手法

（1）推：取坐位或仰卧位，自小腿中端向上推膝关节上、下、左、右至大腿中段。先上后下，然后推膝部两侧，各推 3～5 次。

（2）擦：用四指抱擦膝内、外侧韧带和髌韧带 3～5 次。

（3）点穴：点按阳陵泉、血海、阴陵泉、双膝眼和足三里。

2. 治疗手法

（1）按压：取坐位，伤肢伸直，髌骨放松，术者左手垫在伤膝腘窝下，右手按压伤膝髌骨，一按一松可改善关节内的滑液循环，按压 10～15 次。

（2）刮法：用左手固定髌骨，并通过按压尽可能将劳损的病灶暴露出来，然后用右手的拇指端在受损的髌骨部位横向刮动 2～3min。

3. 结束手法

（1）轻推。

（2）轻擦。

五、注意事项

1. 按实验要求做，思想集中，态度要严肃认真。

2. 操作前首先要选好患者的体位。根据治疗的要求和治疗的部位，选择好俯卧（背部向上而平卧，适合做肩背、腰臀及下肢后部位）、仰卧（腹部向上平卧，适合头面、胸腹及四肢前部)、倒卧、坐位等体位，便于患者肌肉放松和长时间维持一种姿势，同时便于术者操作。

3. 新伤不要用力过大和在受伤局部过多操作，以免引起新的出血，以患者舒适为宜。旧伤可在患部用较长时间和较大力度去做，以患者能耐受为宜。

六、实验报告（表 3-5）

表 3-5　治疗按摩

姓名__________　　年级__________　　班级__________　　________年____月____日

1. 依次找出适用于下列损伤的手法

踝关节扭伤：

指间关节挫伤：

落枕：

腰背肌肉筋膜炎：

髌骨劳损：

2. 如何理解治疗按摩中的准备、治疗、结束手法？

3. 手腕部扭伤用按摩如何治疗？举例说明？

考试成绩及评语：

教师签名：______________

________年____月____日

第四模块　运动营养学

实训14　路跑者运动前、中、后的补水策略

体内所有液体的总称为体液，包括水和其中溶解的物质。机体具有维持体液稳定、保持最佳功能状态的能力，但剧烈运动可能破坏这种平衡机制，引起体内水分和电解质的丢失增加。

一、基本原理

（一）水与水平衡

水的生理功能：水是构成细胞和体液的重要组成成分，参与人体内新陈代谢，调节体温，润滑等作用。体内总体水量（体液总量）因年龄、性别和体型的胖瘦存在明显个体差异。随年龄增加，体内含量水逐渐下降。成年男子总体水约占体重的60%，女性占50%～55%。

正常人每日水的来源和排出处于动态平衡，水的来源和排出量每日约2500ml。体内水的来源包括饮水、食物中的水和内生水，也可经皮肤、肺和大肠排出。机体每天排出的水量与摄取水量关系密切，多摄取则多排出，少饮则少排。水摄入不足或丢失过多，可引起体内失水或脱水。口渴和少尿是机体缺水的明显信号。饮水是维持体液平衡、预防脱水的重要行为。

（二）电解质代谢与酸碱平衡

电解质是体液中带有正电荷（阳离子）或负电荷（阴离子）的离子，包括化学结构较为简单的钾、钠、钙、镁等无机盐和机体合成的一些复杂的有机分子。电解质对维持体内环境的渗透平衡和酸碱平衡起着十分重要的作用。电解质的生理功能：维持细胞内外液的渗透压和水平衡，维持体液的酸碱平衡，维持神经、肌肉细胞的应激性等。

内分泌系统调节体液平衡，也调节电解质平衡。机体的代谢活动可能产生一些酸性或碱性代谢产物，但有赖于体液缓冲系统、肺的调节作用和肾脏的调节作用，体内酸碱维持相对平衡的状态，血液酸碱度（pH）恒定在7.35～7.45的范围内。机体这种调节酸碱物质的含量和比例，维持血液pH在正常范围内的过程，称为酸碱平衡。

（三）水、电解质和耐力运动的关系

水和电解质平衡对运动中的机体代谢、心血管功能和体温调节等都非常重要，是维持机体健康和保持运动能力的基础。即使极少量的脱水也可能影响机体

的运动能力和运动表现。

天气条件、服装和运动强度都会影响运动中的出汗率。正常情况下，人体内电解质水平处于相对恒定状态。短时间的剧烈运动不会造成电解质的大量流失。但长时间、热环境的运动可能因为大量排汗而引起电解质的丢失。

路跑属于耐力项目，运动时间长，热能和各种营养素消耗大。运动中耗氧量均大于其他非耐力性项目，对各种营养素的需要量均较高。高强度长时间的路跑运动可能引起出汗量的增加，进而可能导致运动性脱水。一般口渴感是确定是否出现脱水的最早和最有效的主观指标，但当感觉口渴时，机体失水量已经达到了体重的 1%～2%。

二、方法与步骤

（一）路跑者运动前的补水策略

运动前补水补液可预防运动中的脱水。运动前补水不应以口渴感作为需要补充液体的信号，在长距离路跑前，路跑者应该提前饮用足量的水分，使尿液清澈（提示水合状态良好）。

路跑前可以以路跑者可耐受的最大量频繁补充液体，避免进食咖啡、茶、巧克力等具有利尿作用的食物和饮料。一般而言，运动前 2h 要先分多次摄入约 500ml 水，至运动前 15min 左右再补充 150～250ml 水。

（二）路跑者运动中的补水策略

运动中补水补液有利于保持良好的运动状态和避免中暑的最佳方法。路跑者在跑步中应该随身携带一个水瓶。运动中的补水补液应遵循少量多次和积极主动原则。具体而言，如果路跑时间不超过 1h，则运动中每隔 15～20min 补充 100～200ml 水；如果路跑时间超过 1h，每运动 15～20min，饮 100～200ml 的水、电解质和碳水化合物运动饮料（碳水化合物浓度为 4%～8%，钠离子的浓度范围是每 240ml 含 100～200mg 的钠）。路跑者也可以以每 5km 距离为单位进行补水补液。

喝水的时候不要大口豪饮，每小时的饮水量不要超过 1L，防止乏力、头晕、恶心等水中毒症状的发生。另外，常见含糖饮料如果汁等，含糖量过高不利于液体吸收；碳酸饮料含气，容易导致胃肠不适；咖啡因是一种利尿剂，含咖啡因饮料可能加剧脱水，都不适于运动中补液。

（三）路跑者运动后的补水策略

路跑后根据体重的变化和尿液颜色决定补水量。持续 1h 以上的长时间路跑，路跑者很可能出现一定程度的低水合状态。运动后即刻在身体可承受范围内尽可能多地补水补液。之后每 15min 补充约 250ml 液体，出汗量越多，需要补充的液体量越多。补充的液体应同时含有碳水化合物和钠。原则上体重每降低 1kg，应按照体重丢失量的1.5倍来补液。具体补水方案可根据路跑者的个人体质、运动强度、环境因素及以往经验进行调整。

实训15 运动相关胃肠道不适的改善措施

运动者胃肠道功能状况对制定合理营养计划有重要作用，同时，运动也可能引起胃肠道功能的改变。

一、基本原理

多种中等强度的运动都可能导致胃肠道症状。以耐力运动为例，研究发现大概有30%～50%的人在耐力运动中可能出现胃肠道不适症状。与运动有关的常见胃肠道症状及可能的原因见表4-1。

表4-1 与运动有关的常见胃肠道症状及可能的原因

部位	症状	可能的原因
上消化道	恶心、呕吐、反流、上腹痛、胃胀、嗳气	脱水 胃肠道血流改变 胃肠道通透性改变
下消化道	便秘、腹泻、直肠出血、胀气、里急后重、腹部痉挛、大便失禁	胃肠道动力障碍 心理因素的影响 药物制剂

运动相关胃肠道不适的发生有很大的个体差异性，女性比男性更容易出现这类症状。运动中发生胃肠道不适的可能解释包括：运动中水合状态的频繁波动；运动前摄入较高的膳食纤维、高脂食物；随运动强度提高，血液的重新分配使胃肠道血流量减少，胃排空延迟；运动时间过长；紧张或压力；高渗液体补充（碳水化合物浓度超过8%的饮料、高游离果糖饮料）、补充剂或药物的使用等。另外，跑步等田径运动相较于游泳或自行车等运动，更容易出现胃肠道不适，这可能与跑步迈步时地面对肠胃的机械力作用有关。所有运动中的胃肠道不适症状最终都可能会影响运动表现，甚至使运动过程被迫中止。同时，这些胃肠道问题会使营养吸收效率降低，进而容易造成营养缺乏症。

二、方法与步骤

以下方法可能有益于预防和改善运动相关的肠胃问题。

1. 日常生活

（1）测试个体对乳糖的耐受度，如果对乳糖不耐受，避免在运动前食用乳制品。

（2）测试个体对咖啡因的耐受度。降低咖啡因剂量或者将咖啡因分成小剂量多次服用。

（3）测试碳酸氢钠和柠檬酸盐的摄入是否会造成胃肠道不适。

（4）注意非甾体抗炎药物如止痛药（阿司匹林、对乙酰氨基酚和布洛芬）等可能对胃肠不适产生的影响。

2. 运动前、中、后 在运动前、中、后可以采用以下措施来减少运动中胃肠道不适症状发生的可能性。

（1）保持最佳水合状态，注意运动前、中、后液体的补充。

（2）运动前最后一餐应选择富含碳水化合物、低脂、低纤维的食物。

（3）运动前一个半小时内不应再进食固体食物，如果食物中富含高蛋白或脂肪，则需间隔更长时间。

（4）运动前最后一餐到运动开始前可通过运动饮料来维持血糖水平并避免饥饿。

（5）运动中补充含钠和碳水化合物的运动饮料维持血容量和血糖水平。

（6）运动后通过膳食和液体的补充恢复肌糖原储备和水合状态，避免摄入高纤维的食物。

（7）进行压力管理，以便在运动当天将心理压力降到最低。

此外，肠胃问题的出现具有非常大的个体差异性。可以尝试在运动日测试更适宜自身吸收摄入的食物和液体，以及有利于保持自身正常肠胃、正常功能的运动强度。

实训 16 老年运动人群的运动营养策略

膳食营养和运动同样都是保证老年人身心健康、延年益寿的重要手段。对于坚持运动的老年人，运动合理营养可以使运动锻炼的效果事半功倍。

一、基本原理

（一）老年人生理特点

与青年和中年时期相比，老年人身体功能可出现不同程度的衰退，如咀嚼和消化能力下降、酶活性和激素水平异常、心脑功能衰退、视觉、嗅觉、味觉等感官反应迟钝，肌肉萎缩、瘦体组织量减少等。这些变化可明显影响老年人食物摄取、消化和吸收的能力，使老年人容易出现营养不良、贫血、骨质疏松、体重异常和肌肉衰减等问题，也极大地增加了慢性病发生的风险。因此，老年人在膳食及运动方面更需要特别关注。

（二）老年人一般膳食建议

老年人膳食应食物多样化，保证食物摄入量充足。消化能力明显降低的老年人，应制作细软食物，少量多餐。老年人身体对缺水的耐受性下降，要主动饮水，首选温热的白开水。户外活动能够更好地接受紫外线照射，有利于体内维生素 D 合成和延缓骨质疏松的发展。老年人常受生理功能减退的影响，更易出现矿物质和某些维生素的缺乏，因此应精心设计膳食、选择营养食品、精准管理健康。老年人应有意识地预防营养缺乏和肌肉衰减，主动运动。老年人不应过度苛求减重，应维持体重在一个稳定水平，预防慢性病的发生和发展，当非自愿的体重下降或进食量明显减少时，应主动去体检和进行营养咨询。老年人应积极主动参与家庭和社会活动，主动与家人或朋友一起进餐或活动，积极快乐享受生活。全社会都应该创造适合老年人生活的环境。

中国营养学会在一般人群指南基础上对老年人膳食指导的补充说明和指导，具体为：少量多餐细软，预防营养缺乏；主动足量饮水，积极户外活动；延缓肌肉衰减，维持适宜体重；摄入充足食物，鼓励陪伴进餐。

二、方法与步骤

（一）膳食营养

一日三餐的合理搭配，是平衡膳食的基础，也就是我们常说的“早餐要吃好，午餐要吃饱，晚餐要吃少”。很多老年人有不吃早餐的习惯，事实上，早餐是最需要吃好、营养充足的一餐，最好同时包括奶类、主食（包括谷类和薯类）和蛋类，早餐热量的摄入应该占到一天摄入总热量的 30%。午餐应该是一天中营养的主要来源，摄入的热量应该是一天三餐中最高的，占 40%，包括米、面、薯类等主食，辅以鱼、虾、肉、蔬菜和豆制品。中国人往往习惯晚餐丰盛一些，家庭和朋友聚会也通常安排在晚上，但实际上晚餐不应该暴饮暴食，晚餐摄入的热量应该只占全天摄入热量的 30%，换句话说，应该是和早餐摄入的热量一样的。晚餐食物一定要选择松软易于消化的。另外，老年人要注意控制食物中盐的摄入量，并且注意戒烟限酒，足量喝水。

考虑到不少老年人牙齿缺损，消化液分泌减少和胃肠蠕动减弱，容易出现食欲下降和早饱现象，造成食物摄入量不足和营养缺乏，因此老年人膳食更应注意合理设计、精准营养。食物制作要细软，并做到少量多餐。对于有吞咽障碍和高龄老人，可选择软食，进食中要细嚼慢咽，预防呛咳和误吸；对于贫血，钙和维生素 D、维生素 A 等营养缺乏的老年人，建议在营养师和医生的指导下，选择适合自己的营养强化食品。老年人身体对缺水的耐受性下降。饮水不足可对老年人的健康造成明显影响，因此要足量饮水。每天的饮水量达到 1500～1700ml。应少量多次，主动饮水，首选温热的白开水。

（二）老年人运动前、中、后营养

1. 运动前　食物摄入不可过量，食物要易于消化，不适宜吃较干较硬的食物，应将饭菜煮软，多喝些营养粥或素汤。最适合的补充食物应该以碳水化合物为主、低脂，也可适量补充一些奶制品。比较理想的食物包括香蕉、面包、酸奶或牛奶、水果干等。运动前食物的补充量不需要太多，避免过度饱腹。一般一个拳头的量就足够了。同时要注意增加体内水和糖的储备，防止运动中发生脱水，并促进运动中热量的散发；防止运动性低血糖的发生。

2. 运动中 老年人运动锻炼形式多为有氧运动，强度为中小强度，以糖和脂肪分解供能为主。运动中可根据需要补充一些饮料，每 10～15min 进一些水和糖，防止脱水。

对于喜欢长时间运动的老年人，必须注意运动中水分的补充，运动中需要携带水瓶或水杯，运动中宜每隔 15min 饮一点水。如果运动时间超过一个小时甚至更久，那么运动中除了水外，最好再携带一些小甜点，便于在运动中及时补充糖分，防止运动中血糖过低或能量供应不足。糖果、水果干、巧克力等都是不错的选择。但是这些甜点的能量密度通常比较高，所以要注意避免摄入过量。

3. 运动后 应及时补水，有利于运动中代谢废物的排出，注意供给优质蛋白，保证老年人身体恢复和肌肉力量保持。

运动后 2h 内，及时摄入可以快速消化、吸收的食物，有利于帮助机体及时补充碳水化合物和优质蛋白。老年人如果参加跑步等中到大运动的时间接近或超过 1h，则需要在运动后 45min 以内补充营养。这时候需要补充的食物应该是富含容易被吸收的优质蛋白、碳水化合物、高升糖指数（食物进入人体后可以快速提高血糖）、低脂肪的食物，如蛋糕、蜂蜜水、香蕉等。巧克力、牛奶、鸡蛋也是不错的选择。

运动后的一餐可以稍微多吃一些，食物的结构最好是富含碳水化合物、高蛋白和新鲜蔬菜的低脂正餐。但是一定要注意运动后避免暴饮暴食，尤其是要注意控制一日的总摄入量，尤其是晚餐。

实训 17 人体一日所需热量的测定

能量是维持正常生命活动的基础。人体的一切活动都离不开能量。即使在安静状态下，人体仍需要消耗足够的能量以维持体温、呼吸等各项基本生命活动。人体维持最基本生命活动所需的能量代谢称为基础代谢。

能量需要量是指维持机体正常生理活动所需的能量。对于健康成年人而言，能量代谢的最佳状态应该是能量平衡，即能量摄入量和消耗量相等。能量摄入不足或能量过剩都可能会影响机体健康，因而准确估算能量需要量是非常重要的。

一、基本概念及原理

（一）能量需要量

推荐营养素摄入量（recommended nutrient intake，RNI）与其他营养素不同，

是以平均需要量（estimated average requirement，EAR）为基础的，不需要额外增加安全量，也没有可耐受的最高摄入量，因为只要能量摄入量高于需要量，就可能会在体内储存进而导致体重超重甚至肥胖。为了与其他营养素区别，能量的平均需要量被称为能量需要量（estimated energy requirement，EER），即针对特定年龄、性别、体重、身高并具有良好健康状况的个体或人群，保持能量平衡的平均膳食能量摄入量。

能量需要量包括维持儿童的适宜生长发育水平、孕期母体和胎儿的组织生长及乳母分泌乳汁所需的能量附加量。人体所需能量来自食物中的碳水化合物、脂肪和蛋白质，因而三者被统称为产能营养素。按照中国营养学会的推荐建议，日常膳食中成年人碳水化合物、脂肪和蛋白质的供能比例应占到膳食总能量的50%～65%、20%～30% 和 10%～20%。人体的能量需要量与年龄、性别、生理状态、体重及身体活动量等有关。

（二）能量消耗的测定方法

能量需要量应该约等于能量消耗量，因而能量的消耗量是估算能量需要量的关键。能量消耗的测定方法可以分为直接测定法和间接测定法。直接测定法是指测定机体消耗氧气量和产生二氧化碳量的各种方法，如双标记水法、热量计法、气体代谢法等。间接测定法则是通过总能量摄入量和心率记录推算能量消耗的方法。

尽管双标记水法等直接测定法是总能量消耗量测定的金标准方法，但受限于造价昂贵、测试仪器要求高等局限，相关研究资料有限。目前，运用双标记水法测量中国成年人总能量消耗的数据并不多，并不足以推算国人的能量需要量。因而目前推荐的能量需要量是通过要因加算法计算得出的。即将某一年龄和体重水平的人群组的基础能量消耗（basal energy expenditure，BEE）乘以体力活动水平（physical activity level，PAL）计算出能量需要量，即 EER=BEE×PAL。当然，推荐给大众的能量需要量数据是经过实测数据验证过的。

（三）基础代谢

基础代谢（basal metabolism）是维持人体最基本生命活动所必需的能量消耗，是人体能量消耗的主要部分。个体每日基础代谢消耗的能量比较恒定，一般占全天消耗总能量的 60%～70%。为了确定基础代谢的能量消耗，即基础能量消耗，必须先测定基础代谢率（BMR）。每小时每千克体重或 $1m^2$ 体表面积人体基础代谢所消耗的能量称为基础代谢率。

（四）体力活动水平

除基础代谢外，体力活动是影响人体能量消耗的主要因素。人体在运动或劳动时耗氧量显著增加，机体耗氧量的增加与肌肉活动的强度成正比。每日从事各种体力活动所消耗的能量，主要取决于体力活动的强度和持续时间。一般情况下人体各种体力活动所消耗的能量占总能量的25%～35%，是影响人体能量消耗中可变化幅度最大的一部分，也因此是影响能量消耗的主要因素。

体力活动水平是每日总能量消耗和基础能量消耗的比值，它涵盖了职业和工作强度及工作以外的家务、社会活动、体育锻炼等身体活动内容。

二、方法与步骤

步骤1. 确定基础能量消耗

由于基础能量消耗占全天总能量消耗的60%～70%，因而，计算基础代谢是要因加算法估算成年人能量需要量的重要基础。

对于无法通过热量计法、气体代谢法等方法个性化测量基础能量消耗（BEE）的人群，可以通过公式推算基础代谢水平。可以根据不同性别、年龄查询中国人实测每千克体重的基础能量消耗的加权平均值［kcal/(kg · d)］乘以体重得到针对不同体重个体的基础能量消耗。如对于一个25岁、体重70kg的成年男性，通过查表4-2，BEE=70kg×22.7kcal/(kg · d)=1589kcal/d，取整为1590kcal/d。若对于群组或总人口确定基础能量消耗时，可以直接根据不同性别、年龄分组查询参考体重（体重的人群代表值）所对应的人群BEE值。如对于40～45岁女性人群而言，其基础能量消耗水平为1200kcal/d。

表4-2　我国18岁以上成年人BEE推算值

性别	年龄	每千克体重的BEE的加权平均值［kcal/(kg · d)］	参考体重（kg）	BEE（kcal/d）
男	18～49岁	22.7	66	1500
	50～64岁	21.5	65	1400
	65～79岁	21.4	63	1350
	80岁及以上	21.5	60	1300
女	18～49岁	21.4	56	1200
	50～64岁	20.1	58	1170
	65～79岁	20.1	55.5	1120
	80岁及以上	20.1	51	1030

步骤2. 根据活动水平估算能量消耗量

基于2023版《中国居民膳食营养素参考摄入量》，中国成年人的体力活动水平（PAL）分为轻、中、重三个等级，详细描述见表4-3。如对于长时间办公室久坐工作的人群，不论男女，其对应的PAL水平值为1.5左右。

表 4-3 建议中国成年人体力活动水平分级

体力活动水平	人群特征	PAL 范围
轻	办公室工作、修理电器钟表、售货员、酒店服务员、化学实验操作、讲课等	1.40～1.69
中	学生日常活动、机动车驾驶、电工安装、车床操作、金工切割等	1.70～1.99
重	非机械化农业劳动、炼钢、舞蹈、体育运动、装卸、采矿等	≥2.00

步骤 3. 确定一日能量需要摄入量

方法 1：要因加算法

采用要因加算法，计算能量需要量。EER=BEE×PAL（BW 代表体重）。

其中，50～64 岁成年人各组的基础能量消耗水平较 18～49 岁组下调 5%。65～79 岁老年人一般不会再有重体力活动的能量需求，岁数更大时，轻体力活动水平的 PAL 也应较成年人有所下调。因此，80 岁及以上老年人的 PAL 水平再较 18～49 岁下调 5%。

方法 2：查表法

对于无法获得确切体重的人群，也可根据各年龄段人群及不同劳动强度人群的能量需要量，直接查询《中国居民膳食指南》或《中国居民膳食营养素参考摄入量》中推荐的中国居民能量需要摄入量（表 4-4）。值得注意的是，《中国居民膳食指南》是根据某些指标判断的，可以满足某一特定性别、年龄及生理状况群体中 50% 个体需要量的摄入水平，因而这一摄入水平不能满足群体中另外 50% 个体对该营养素的需要。

表 4-4 中国居民能量需要摄入量

人群	男（kcal）	女（kcal）
0～6 个月	90kcal/(kg · d)	90kcal/(kg · d)
7～12 个月	80kcal/(kg · d)	80kcal/(kg · d)
1 岁	900	800
2 岁	1100	1000
3 岁	1250	1200
4 岁	1300	1250
5 岁	1350	1300
6 岁	1400	1350
7 岁	1500	1400
8 岁	1650	1450

续表

人群	男（kcal）	女（kcal）
9 岁	1750	1550
10 岁	1800	1650
11～13 岁	2050	1800
14～17 岁	2500	2000
18～49 岁	2250	1800
50～64 岁	2100	1750
65～79 岁	2050	1700
80 岁及以上	1900	1500
孕妇（早）		1800
孕妇（中）		2100
孕妇（晚）		2250
乳母		2300

步骤 4. 计算一日三餐能量需要量

将一日所需能量摄入量，按早、中、晚餐分别占全天总能量的 30%、40% 和 30% 分配，或早餐 25%～30%，午餐 40%，晚餐 30%～35%。

步骤 5. 每餐三大营养素的计算

根据碳水化合物、脂肪和蛋白质三大营养素供能占每餐总能量百分比的 50%～65%、20%～30%（1～3 岁为 35%）和 10%～20% 确定每日三大营养素的供给量。

步骤 6. 确定食物种类和数量

通过查询食物成分表可以推算出食物中各种营养素的摄入量。食物选择需要符合食物多样、植物性食物为主、动物性食物为辅、少油少糖等原则。为满足食物的多样性，建议谷类、薯类、杂豆类食物品种平均每天 3 种及以上，每周 5 种及以上；蔬菜、菌藻和水果类食物品种平均每天 4 种及以上，每周 10 种及以上；鱼、蛋、禽肉、畜肉类的食物品种平均每天 3 种及以上，每周 5 种及以上；奶、大豆、坚果类的食物品种平均每天有 2 种及以上，每周 5 种及以上。

确定主食的品种和数量：主食中碳水化合物含量一般为 70%～80%。根据每餐碳水化合物的能量供给量，计算出每餐主食的摄入量。主食的品种、数量主要根据各类主食原料中碳水化合物的含量确定。

确定动物性食物和豆制品的种类和数量：基于每日所需蛋白质供给量，减去已选定主食供给的蛋白质量，其余的蛋白质主要来源就是动物性食物和豆制品，依此确定动物性食物和豆制品的种类和数量。

确定蔬菜和水果的品种和数量：一般按每日蔬菜400～500g，每日水果100～200g供给。蔬菜中，叶类、茎类、茄果类等的热能不高，但土豆、藕、慈姑等根茎类的蔬菜中淀粉含量较高，如果选择了这些根茎类蔬菜，需要同时将其碳水化合物的供给量计入总碳水化合物的供给量中。

考虑食用油及调料：食用油的用量应该是一日脂肪需要量减去食物中油脂含量。因此，如果油脂性含量较高的动物性食物摄入量较高，食用油的用量就要相应减少；反之，如果食物中的油脂含量较低，食用油的量就应有所增加。一般情况下，食用油脂的用量为25g左右。另外，糖作为调味品，其用料也应计入碳水化合物的总量中。

总之，食物的多样性主要依靠种类来量化，建议平均每天不重复的食物种类数达到12种及以上，每周25种及以上，烹调油和调味品不计算在内。《中国居民膳食指南》推荐，早餐至少摄入4～5种食物品种，午餐摄入5～6种食物品种，晚餐4～5种食物品种，外加零食1～2种品种。

第五模块　运动损伤急救

实训 18　止血技术实习

一、实验目的

学习本实验可使学生准确定位全身主要浅表动脉的体表位置，熟练掌握指压止血法和止血带止血法的操作技术。

二、实验原理

因运动损伤或其他意外损伤引起的出血，有时会造成生命危险，所以必须及时进行止血。压迫与出血部位相应的表浅动脉，可起到临时止血、抢救生命的作用。

三、实验器材

止血带、软布、卷轴绷带等。

四、方法和步骤

讲解完操作方法和部位后，2 人一组，互相操作练习。

（一）指压止血法

1. 颞浅动脉压迫止血法　在耳屏前方用手指摸到搏动后，将该动脉压迫在颞骨上。此法用于同侧头部、前额、颞部的临时止血。

2. 颌外动脉压迫止血法　面部出血应压迫颌外动脉，其压迫点在下颌角前面约 1.5cm 处，用拇指摸到搏动后将该血管压迫在下颌骨上。

3. 锁骨下动脉压迫止血法　同侧肩部和上臂出血时可压迫锁骨下动脉。在锁骨上窝、胸锁乳突肌外缘，用手指将该动脉向后内正对第 1 肋骨压迫。

4. 肱动脉压迫止血法　前臂出血可压迫肱动脉。让患肢稍外展外旋，在肱二头肌内缘中点处摸到搏动后，用拇指或其余四指将该动脉压迫于肱骨上。

5. 指动脉压迫止血法　手指出血可压迫指动脉。压迫点在第 1 指节根部两侧，用拇指、示指相对夹压。

6. 股动脉压迫止血法　大腿、小腿部出血，可压迫股动脉。压迫点在腹股沟韧带中点动脉搏动处，用两手拇指重叠或用掌根压迫该动脉于耻骨上支。

7. 胫前、胫后动脉压迫止血法　足部出血可压迫胫前动脉和胫后动脉。用两手的拇指、示指分别按压于内踝与跟骨之间和足背皱纹的中点。

（二）止血带止血法

1. 橡皮止血带止血法　选用特制的胶皮管，操作时左手在离带端约 10cm 处由拇指、示指和中指紧握，使手背向下放在止血带的部位，右手持带之中段绕患肢一圈半，然后把止血带塞入左手的示指与中指之间，左手的示指与中指紧夹一段止血带向下牵拉，使之成为一个活结，外观呈“A”形。

2. 气性止血带止血法　常用血压计袖带，操作方法比较简单，只要把袖带绕在扎止血带的部位，然后打气至伤口停止出血。

3. 布制止血带止血法　将三角巾折成带状或将其他布带绕患肢一圈，打一个蝴蝶结；取一根小棒穿在布带圈内，提起小棒拉紧，将小棒依顺时针方向绞紧，再将绞棒一端插入蝴蝶结内，最后拉紧活结并与另一头打结固定。

五、注意事项

1. 用指压止血法时一定要找准浅表动脉压迫点的位置，但不要在正常未出血人体上进行压迫（特别是颈动脉），以防引起意外。

2. 先将患肢抬高然后再扎止血带，止血带应缚在出血部的近心端。上臂外伤大出血应扎在上臂上 1/3 处，前臂或手部大出血应扎在上臂下 1/3 处，下肢外伤大出血应扎在股骨中、下 1/3 交界处。

3. 使用止血带的部位应有衬垫，否则会损伤皮肤。止血带可扎在衣服外面，把衣服当作衬垫。

4. 止血带绑扎的松紧度一定要适宜，以出血停止、远端摸不到脉搏为合适。过松达不到止血目的，过紧又会损伤组织。

5. 扎上止血带后上肢应每隔 30min、下肢应每隔 1h 放松一次止血带，放松时间为 1～2min，以免引起肢体缺血坏死。紧扎止血带的最长时间不能超过 3h。

6. 使用止血带者应有明显标记贴在前额或胸前易发现部位，注明紧扎止血带的时间、部位、放松止血带的时间和重新紧扎止血带的时间。如立即送往医院，可不写标记，但必须当面向值班人员说明缚扎止血带的时间和部位。

六、实验报告（表 5-1）

表 5-1　止血技术实习

姓名__________　　______年级______班　　______年___月___日

实验目的：
实验器材：

续表

实验内容：

遇到的问题和解决方法：

自我评语：

考核成绩及评语：

教师签名：____________

______年____月____日

实训 19 包扎技术实习

一、实验目的

学习本实验可使学生掌握绷带、三角巾包扎的基本要领和技术。

二、实验器材

普通卷轴绷带、三角巾、医用橡皮膏、剪刀等。

三、方法和步骤

（一）绷带包扎法

1. 环形包扎法 包扎时把绷带头斜放，用手压住，将绷带卷绕肢体包扎一圈后，再将带头的一个小角反折过来，然后继续绕圈包扎，后一圈压前一圈，包扎3～4 圈即可。此法适用于头额部、手腕和小腿下部粗细均匀部位。

2. 螺旋形包扎法 包扎时以环形包扎法开始，然后将绷带向上斜行缠绕，后一圈压前一圈的 1/3～1/2。此法适用于肢体粗细相差不多的部位包扎，如上臂、大腿下段和手指等处。

3. 螺旋反折包扎法 包扎时从环形包扎法开始，然后用一个拇指压住绷带，将其上缘反折，后一圈压住前一圈的 1/3～1/2，每圈的转折线应互相平行。此法适用于包扎前臂、大腿和小腿肢体粗细相差较大的部位。

4.“8”字形包扎法 多用于包扎肘、膝、踝等关节处，包扎方法有两种。

（1）从关节中心开始，先做环形包扎，然后将绷带斜行缠绕，一圈绕关节的上方，一圈绕下方，两圈在关节凹面交叉，反复进行，逐渐远离关节。每圈压住前一圈的 1/3～1/2。

（2）从关节下方开始，先做环形包扎，然后由下而上、由上而下地来回做“8”字形缠绕，逐渐靠拢关节，最后以环形包扎法结束。

（二）三角巾包扎法

用边长为 1m 的正方形白布或纱布，将其对角剪开，即分成两块大三角巾，小三角巾是大三角巾的一半。应用三角巾进行包扎，使用方便，适用于全身各部位的包扎。

1. 手部包扎法　三角巾平铺，手指对向顶角，将手平放在三角巾的中央底边横放于腕部。先将三角巾顶角向上反折，再将三角巾两底角向手腕背部交叉围绕一圈，在腕背侧打结。

2. 头部包扎法　三角巾底边置于前额，顶角在后，将底边从前额绕至头后，压住顶角并打结。若底边较长，可在枕后交叉后再绕至前额打结。最后把头角拉紧并向上翻转固定。

3. 足部包扎法　与手部包扎法基本相同。

4. 大悬臂带　用于除锁骨和肱骨骨折以外的上肢损伤。将大三角巾顶角放在伤肢后，一底角放在健侧肩上，肘关节屈曲 90° 放在三角巾中央，下底角上折，包住前臂并在颈后与上方底角打结。最后把肘后的顶角折在前面，用别针固定。

5. 小悬臂带　用于包扎锁骨和肱骨骨折。将大三角巾叠成四横指宽的宽带，中央放在伤侧前臂的下 1/3 处，两端在颈后打结。

四、注意事项

包扎时应使伤员处于舒适的体位，包扎过程中尽可能不要改变伤员的位置。

1. 包扎时动作要熟练、柔和，松紧适度。

2. 绷带包扎要从伤部远端开始，包扎结束时可用胶布或打结固定，但结不能打在伤口上。

3. 螺旋形包扎、螺旋反折包扎、“8”字形包扎，每圈都要压住前一圈的 1/3～1/2。

4. 包扎四肢时应使指 / 趾端外露，以便观察血液循环情况。

五、实验报告（表 5-2）

表 5-2　包扎技术实习

姓名＿＿＿＿＿＿　　＿＿＿＿年级＿＿＿＿班　　＿＿＿＿年＿＿月＿＿日

实验目的：

续表

实验器材： 实验内容： 遇到的问题和解决方法： 自我评语：
考核成绩及评语： 教师签名：____________ ________年____月____日

实训 20　固定技术实习

一、实验目的

学习本实验可使学生掌握锁骨骨折、肱骨干骨折、前臂、手腕部骨折、股骨骨折、小腿骨折、踝足部骨折、胸腰椎骨折、颈椎骨折及肩关节和肘关节脱位的临时固定。

二、实验器材

各种长度和宽度的夹板、三角巾、棉花（医用棉）等。

三、方法和步骤

（一）骨折急救固定法

1. 锁骨骨折　先取 3 条三角巾并折叠成宽带，在双肩腋下填上软布团或棉花，然后用 2 条宽带分别绕过伤员两肩在背后打结，形成两个肩环；再用第 3 条宽带在背后穿过两个肩环，拉紧打结；最后将两前臂缚扎固定或将伤侧肢体挂在胸前。

2. 肱骨干骨折　屈肘成直角，用 2 块长短、宽窄适宜的有垫夹板，分别放在伤臂的内、外侧，用 3～4 条宽带将骨折处上下部缚好，再用小悬臂带把前臂挂在胸前，最后用宽带或三角巾将伤臂固定于体侧。

3. 前臂骨折　用 2 块有垫夹板分别放在前臂的掌侧和背侧，板长从肘到掌，前臂处于中立位，屈肘 90°，拇指朝上。用 3～4 条宽带缚扎夹板，再用大悬臂带把前臂挂在胸前。

4. 手腕部骨折　用一块有垫夹板放在前臂和手的掌侧，手握绷带卷，再用绷带缠绕固定，然后用大悬臂带把伤臂挂于胸前。

5. 股骨骨折　将 2 块长夹板分别放在伤肢的内、外侧，内侧夹板上至大腿根部，下达足跟；外侧夹板自腋下达足部。然后用 5～8 条宽带固定夹板，在外侧打结。

6. 小腿骨折　用 2 块有垫夹板放在小腿的内、外侧，2 块夹板上至大腿中部，下至足部。用 4～5 条宽带分别在膝上、膝下及踝部缚扎固定。

7. 踝足部骨折　脱鞋，取一块直角夹板置于小腿后侧，用棉花或软布在踝部和小腿下部垫妥后，再用 3 条宽带分别在膝下、踝上和足跖部缚扎固定。

8. 胸腰椎骨折　疑有胸腰椎骨折时，尽量避免骨折处移动，以免脊髓受压迫而损伤。将硬板或门板置于患者体侧，一人稳住头，再由两人将患者轻轻推滚至木板上，取仰卧位，用数条宽带将伤员缚扎于木板上。若为软质担架，令伤员采取俯卧位，使脊柱伸直，禁止屈曲，送至医院。

9. 颈椎骨折　务必使伤员头部固定于伤后位置，不屈、不伸、不旋转，数人合作将伤员抬至木板上，头部两侧用沙袋或卷起的衣服垫好固定，用数条宽带把伤员缚扎在木板上。

（二）关节脱位的临时固定

1. 肩关节前脱位　肩关节发生前脱位后，将患肢肘关节屈曲 90°，取三角巾两条，分别折成宽带，一条悬挂于前臂，另一条绕过伤肢上臂，在健侧腋下打结。

2. 肘关节后脱位　肘关节发生后脱位后，用铁丝夹板弯成合适的角度，置于肘后，用绷带缠稳，再用小悬臂带挂起前臂。如无铁丝夹板，可直接用大悬臂带包扎固定。

四、实验报告（表 5-3）

表 5-3　固定技术实习

姓名____________　　________年级________班　　________年____月____日

实验目的：
实验器材：

续表

实验内容： 遇到的问题和解决方法： 自我评语：
考核成绩及评语： 教师签名：__________ ______年___月___日

实训 21 伤员搬运技术实习

一、实验目的

学习本实验可使学生掌握伤员搬运的技术。

二、实验器材

担架或床板等。

三、方法和步骤

（一）扶持法

急救者位于伤员的体侧，一手抱住伤员腰部。伤员的手绕过急救者颈后至肩上，急救者的另一手握住其腰部。两人协调缓行。此法适用于伤势轻、神志清醒而又能自己站立步行的伤员。

（二）抱持法

急救者一手抱住伤员的背部，另一手托住伤员的大腿及腘窝，将伤员抱起，伤员的一侧臂挂在急救者的肩上。此法适用于伤势轻、神志清醒但较软弱的伤员。

（三）托椅式搬运法

两名急救者站立于伤员两侧，各以一手伸入伤员大腿下方而相互“十”字交叉紧握，另一手彼此交替支持伤员背部。伤员坐在急救者互握的手上，背部靠在急救者的另一臂上，伤员的两手分别搭于两名急救者的肩上。此法适用于神志清醒、足部损伤而行走困难的伤员。

（四）卧式三人搬运法

三名救护者同站于伤员的一侧。第一个人以外侧的肘关节支持伤员的头颈部，另一肘窝置于伤员的肩胛下部，第二个人用双手自腰至臀托抱伤员，第三个人托抱伤员的大腿下部及小腿上部。三人行走要协调一致。

（五）担架搬运法

特制的担架可用棉被或毛毡垫好，将伤员置于其上，并盖好衣被以保暖。若伤员神志不清，需用宽带将其固定于担架上。如有颈、胸、腰椎骨折，不宜使用特制担架时，可采用床板、门板等临时担架。

四、注意事项

1. 发现骨折后应就地及时进行固定，尽量避免移动断端而加重损伤。

2. 固定用的夹板长短、宽窄要适当，应能将骨折处上、下两个关节都固定。

3. 夹板要用绷带或软布包裹后再用，夹板的两端、骨突部和空隙处要用棉花或软布垫好，以防局部压迫性损伤。

4. 绑缚夹板的宽带应先绑在近骨折处的上下端，然后分别绑上、下关节，结打在肢体的外侧。

5. 四肢骨折固定时要露出指 / 趾端，以便观察肢体的血液循环情况。

五、实验报告（表 5-4）

表 5-4　伤员搬运技术实习

姓名__________　　______年级______班　　______年___月___日

实验目的：
实验器材：
实验内容：
遇到的问题和解决方法：
自我评语：
考核成绩及评语： 教师签名：__________ ______年___月___日

实训 22 胸外心脏按压技术实习

一、实验目的

学习本实验可使学生了解和掌握心肺复苏术的急救技术，并能熟练地进行单人操作。

二、实验原理

某些意外情况下，人体在发生心跳、呼吸突然停止后会造成血液循环的停止。脑细胞对缺氧十分敏感，一般血液循环停止 4～6min 后大脑会受到严重损害甚至不能恢复，所以必须争分夺秒地进行心肺复苏术。通过人工呼吸和胸外心脏按压，使呼吸、血液循环得以恢复，挽救生命。

现场心肺复苏术主要为徒手操作，在许多场合下这是唯一实用的有效方法。患者心跳、呼吸停止后，全身肌肉松弛，口腔内的舌肌和会厌也松弛后坠，从而阻塞呼吸道。采取头后仰、抬举下颏措施，可使舌根部向上抬起，使呼吸道通畅，这样就可以进行口对口人工呼吸。

心跳停止后，全身的血液循环也会随之停止，脑组织和许多重要脏器得不到氧气及血液的供应会很快出现坏死。因此，必须在进行口对口人工呼吸的同时进行胸外心脏按压，人为地维持血液循环。

三、实验器材

心肺复苏模拟人等。

四、方法和步骤

（一）熟悉心肺复苏模拟人

在教师的指导下，认真阅读心肺复苏模拟人的使用说明书，熟悉并明确使用方法。

（二）胸外心脏按压

此法是通过按压胸骨下端而间接地压迫左右心室腔，使血流进入主动脉和肺动脉，从而建立有效的体循环和肺循环，为心脏自主节律的恢复创造条件。胸外心脏按压时，收缩压可达 100mmHg，平均动脉压为 40mmHg；颈动脉血流仅为正常的 1/4～1/3，这是支持大脑活动的最小循环血量。因此，进行胸外心脏按压时，患者应平卧，最好取头低足高位，背部垫木板，以增加脑的血流供应。

操作方法：使患者仰卧于硬板床或地上，急救者以一手掌根部置于患者胸骨的中、下三分之一交界处，另一手交叉重叠于其手背上，肘关节伸直，充分利用上半身的重量和肩、臂部肌肉的力量，有节奏地带有冲击性地垂直按压胸骨，使之下陷 3～4cm（儿童相对要轻些）。每次按压后随即迅速抬手，使胸部复位，以利于心脏舒张。速度为 60～80 次/分，儿童稍快。

操作中，如能摸到颈动脉或股动脉搏动，上肢血压收缩压达 60mmHg 以上，口唇、甲床颜色较前红润或者呼吸逐渐恢复，瞳孔缩小，则为按压有效，应操作至自主心跳出现。

对呼吸、心跳均停止的患者，应同时进行胸外心脏按压及人工呼吸两种急救措施。单人心肺复苏时，每按压胸部 15 次，吹气 2 次，即 15∶2。最好由两人配合进行，一人做人工呼吸，一人做胸外心脏按压，双人心肺复苏时，每按压 5 次，吹气 1 次，即 5∶1。

进行心肺复苏时，急救一经开始，就要连续进行，不能间断，直至伤员恢复自主呼吸、心跳，或确诊死亡为止。在抢救的同时，应迅速派人请医生来处理。

五、注意事项

1. 判断有无脉搏时，触摸颈动脉不能用力过大，以免颈动脉受压妨碍头部供血，检查时间不可超过 10s。

2. 胸外心脏按压用力应平稳、有规律地进行，不能间断，也不能忽快忽慢，禁止做猛烈冲压，按压时手指不要压在胸壁上，否则易引起肋骨或肋软骨骨折。

3. 按压时用力应垂直向下（特别是肘关节要伸直），不要左右摆动，双手要重叠放置，不可交叉放置，按压后放松时定位的手掌根部不可离开胸骨定位点。

六、实验报告（表 5-5）

表 5-5 胸外心脏按压技术实习

姓名__________ ________年级________班 ________年____月____日

实验目的：
实验器材：
实验内容：
遇到的问题和解决方法：

续表

自我评语：
考核成绩及评语： 教师签名：__________ ______年___月___日

实训 23　口对口人工呼吸技术实习

一、实验目的

学习本实验可使学生了解和掌握口对口人工呼吸的急救技术，并能熟练地进行单人操作。

二、实验原理

详见实训 22“胸外心脏按压技术实习”。

三、实验器材

心肺复苏模拟人、无菌纱布、酒精棉球、镊子等。

四、方法和步骤

人工呼吸是借助人工方法来维持机体的气体交换，以改善患者缺氧状态，并排出二氧化碳，为恢复患者自主呼吸创造条件。人工呼吸的方法有很多，现介绍最常用的口对口人工呼吸法，此法简便有效。

操作方法：使患者仰卧，松开领口、裤带和胸腹部衣服，清除口腔内异物，把患者口腔打开，盖上一块纱布。施救者一手掌尺侧置于患者前额，使其头部后仰，拇指和示指捏住患者鼻孔，以免气体外逸。另一手托起患者下颏，掌根部轻压环状软骨，使其间接压迫食管，以防吹入的空气进入胃内。然后深吸一口气，张开嘴巴，用双唇包绕封住患者的嘴外缘，紧贴住并向里吹气，吹气完后立即放开鼻孔。待患者呼气，同时施救者吸入新鲜空气，准备下一次吹气，如此反复进行。吹气要深而快，每次吹气量为 800～1200ml，或每次吹气时观察患者胸部上抬即可。开始应连续两次吹气，以后每隔 5s 吹一次气，相当于 12～16 次/分频率进行，直到患者恢复呼吸为止。

对呼吸、心跳均停止的患者，应同时进行口对口人工呼吸和胸外心脏按压两种急救措施。

五、注意事项

1. 开放气道行仰头举颏法时，注意手指不要压迫患者颈前部、颌下软组织，也不要使颈过伸。

2. 进行口对口人工呼吸时，每次吹气量不要过大，否则易造成胃大量充气。

六、实验报告（表 5-6）

表 5-6　口对口人工呼吸技术实习

姓名______________　　________年级________班　　________年____月____日

实验目的：

实验器材：

实验内容：

遇到的问题和解决方法：

自我评语：

考核成绩及评语：

教师签名：_____________

________年____月____日

第六模块　健康体适能

实训 24　形态适能测量与评价

人的身体主要由水、蛋白质、脂肪及无机盐 4 种成分构成。基本成分可用脂肪组织和非脂肪组织与体重的百分比表示。身体成分保持相对稳定，是维持身体健康的一个最基本的条件。对身体成分的测量不仅可以提供全身营养状态、目前健康状况，还可以为多种疾病的诊断和治疗及运动处方的制订提供非常有价值的信息。常用的人体测量方法有皮褶厚度测量法、生物电阻抗法、水下称重法、超声波法、CT 法、双光子法及核磁共振法等，可结合体重指数（BMI）、围度、腰臀比等指标评价身体成分。

我国体质监测中形态指标（表 6-1）主要包括身高、体重、腰围、臀围和三部位皮褶厚度，是研究人体外部形态结构、生长发育等必不可少的方法手段。

表 6-1　体质监测的形态指标

监测指标	幼儿组（3～6 岁）	学生组（7～19 岁）	成年甲组（20～39 岁）	成年乙组（40～59 岁）	老年组（60～69 岁）
身高	•	•	•	•	•
坐高	•				
体重	•	•	•	•	•
胸围	•		•	•	•
腰围			•	•	•
臀围			•	•	•
上臂皮褶厚度	•		•	•	•
腹部皮褶厚度	•		•	•	•
肩胛部皮褶厚度	•		•	•	•
体重指数		•			

注：• 表示不同年龄组（3～69 岁）需要监测的项目。

一、体重指数（BMI）

（一）身高

身高反映了人体的骨骼状况，是人体纵向发育水平的重要指标。

1. 目的要求　使学生掌握选取测量点的方法，能够独立、准确地进行人体各类长度指标的测量。

2. 实训原理　利用带游标的身高计测量人体直立时头顶点至足底（身高计底

板）间的垂直距离。

3. 测量仪器　身高体重测试仪。

4. 测量方法　受试者脱鞋以自然姿势站立在身高体重测试仪上（两臂自然下垂，足跟靠拢，足尖分开 30°～40°），足跟、骶骨和两肩胛间与立柱相接触，保持耳、眼呈水平位。测量者将水平压板轻轻下滑至头顶点，两眼与压板呈水平位读数并记录。测量误差不得超过 0.5cm。

5. 注意事项

（1）受试者两眼必须平视，否则测得的身高指标将低于其实际身高。

（2）测试者在读取数据时必须做到两眼与压板在同一水平面上读数，以免造成读数偏低（两眼高于压板）或偏高（两眼低于压板）。

（二）体重

体重是反映人体体格发育程度和营养状况的重要指标，是反映人体骨骼、肌肉、皮下脂肪和内脏器官综合发育状况的重要整体指标（表 6-2）。标准体重可采用以下公式简易估算：

男性标准体重=身高（cm）−105

女性标准体重=身高（cm）−100

通过计算标准体重，也可以进一步大致判断肥胖程度。基于标准体重判断肥胖的计算公式为:（实际体重/标准体重）×100。

表 6-2　标准体重法判别肥胖的标准

实际体重与标准体重的比值×100	肥胖程度
＜90	超轻
90～110	正常
111～120	超重
121～130	轻度肥胖
131～140	中度肥胖
＞140	重度肥胖

1. 测量仪器　电子体重计。

2. 测量方法　受试者穿短裤，赤足，自然站立在体重传感器踏板中央，保持身体平稳，等显示屏上显示的数值稳定后，记录显示的数值。以千克为单位，精确到小数点后一位。

3 注意事项

（1）测量时，体重计应放置在平坦地面上。

（2）受试者应尽量减少着装。

（3）上、下体重计时，动作要轻缓。

（4）男、女分开独立测试。

（三）体重指数计算

体重指数（BMI），也称身体质量指数（表 6-3），反映了身高与体重之间的关系。作为判别人体胖瘦程度的一项重要指标，BMI=体重（kg）/身高 ^{2}（m）。

表 6-3 基于体重指数及腰围的中国人疾病风险分层标准

分类	相对于正常体重指数及腰围的疾病风险			
	体重指数（kg/m^2）	腰围（cm）		
		＜85（男性） ＜80（女性）	85～95（男性） 80～90（女性）	＞95（男性） ＞90（女性）
低体重	＜18.5	—	—	—
正常	18.5～23.9	—	增加	高
超重	24.0～27.9	增加	高	极高
肥胖	≥28.0	高	极高	极高

二、围度（腰围、臀围及腰臀比和腰围身高比）

围度测量可用于预测身体成分，且适用于男女及不同年龄层次的人群。腰围反映人体躯干体型特点。臀围反映人体躯干下部体型特点和肌肉发达程度。

1. 目的要求 使学生掌握选取测量点的方法，能够独立、准确地进行人体各类围度指标的测量。

2. 实训原理 测量时按照各围度测量要求，选择测量参照点，将皮尺水平绕行一周后进行读数，要求皮尺松紧适度。测量躯干围度时，应在呼气末进行。

3. 测量仪器 皮尺。

4. 测量方法 受试者直立、两肩垂于两侧，两脚并拢，腹部放松。测试者面对受试者。将皮尺经脐上 0.5～1.0cm 处（肥胖者可在腰部最粗处），水平绕一周测量腰围。

受试者直立、两脚并拢，将皮尺绕臀大肌最凸起处水平绕一周测量臀围。

腰臀比（WHR）=腰围/臀围。是评价身体脂肪分布，并确定个体具有较多有害的腹腔内脏脂肪最简单常用的方法。标准化维度测量部位与过程详见表 6-4～表 6-6。

5. 判断标准

（1）成年人腰围危险分层（表 6-4）。

表 6-4　成年人腰围危险分层

危险分层	腰围（cm）	
	女性	男性
极低	＜70	＜80
低	70～89	80～99
高	90～110	100～120
极高	＞110	＞120

（2）成年人腰臀比等级判定（表 6-5）。

表 6-5　腰臀比等级判定

性别	WHO	代谢性疾病风险
男性	≥0.90	大幅增加
女性	≥0.85	

（3）腰围身高比等级判定（表 6-6）。

表 6-6　腰围身高比等级判定

等级	女性	男性
高危水平	＞0.85	＞1.0
较高危险水平	0.8～0.85	0.9～1.0
较低危险水平	＜0.8	＜0.9

6. 注意事项

（1）测量时皮尺的松紧度应适宜，不要过紧或过松。

（2）测试时男子只能穿短裤，女子穿短裤、背心或短袖衫。

（3）男女分开独立测试。

三、身体成分

非脂肪组织、脂肪组织、去脂肪体重、瘦体组织是人类组织学的重要概念。在非脂肪组织（FFM）中水分占了约 73.2%，人体其他组织的常量见表 6-7，对于健康人体来说，脂肪、水分、蛋白质、无机盐的比例也是相对稳定的。人体健康需要合理的体重和体成分比例，体重过轻或过重以及体成分比例失调都会对人体健康造成影响。合理体脂比例有利于健康长寿。可通过皮褶厚度及生物电阻抗法等进行体脂率的测定。体脂率也称为体脂百分比，是较精确判别体型和肥胖的指标。体脂分布类型是健康及疾病预后的重要指标。

表 6-7 人体组织常量

指标	量值
非脂肪组织中水的含量	0.732L/kg
非脂肪组织中钾的含量	68.1mmol/kg
人体蛋白质的密度	1.34kg/L
人体骨矿的密度	3.075kg/L
人体脂肪的密度	0.8kg/L
脂肪外其他组织的平均密度	1.0kg/L

（一）皮褶厚度测量法

人体内的脂肪约 2/3 属于皮下脂肪，因此，采用皮褶厚度测量法测量皮褶厚度以估计皮下脂肪量来推测全身脂肪含量，在理论上是可以接受的。

1. 皮褶厚度的测量

（1）目的要求：使学生掌握身体成分的基本测量方法。熟练掌握用皮褶厚度计测量皮褶厚度的技术，以及推算体脂率、体脂重量和瘦体重的方法。

（2）基本原理：人体脂肪分布有一定的规律，通常 2/3 存在于皮下，1/3 存在于身体内部、脏器周围。皮下脂肪厚度与体脂总量有一定的比例关系。因此，皮褶厚度的测量不仅可以反映体脂的分布情况，也可以根据不同部位的皮褶厚度推算出体脂总量。但反映全身体脂含量的程度受年龄、性别、总脂肪量及测量部位和技术的影响。一般情况下，同年龄女性皮下脂肪要多于男性；同性别年轻人皮下脂肪要多于老年人。该方法所测的皮下脂肪厚度包括皮肤厚度，不同个体皮肤压缩率的差异会造成测量误差，对于过度肥胖和皮下坚实者更为明显。但该方法简便易行，尤其适合大面积普查，目前在国内外广泛应用。

（3）测量仪器：皮脂厚度计如图 6-1 所示。

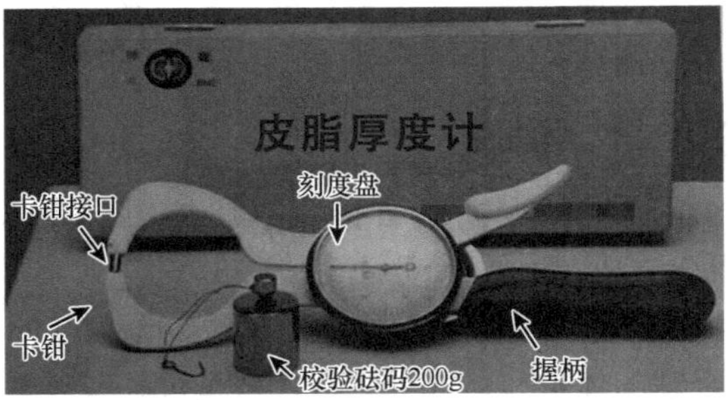

图 6-1 皮脂厚度计

（4）测量部位：为上臂部、肩胛部和腹部等。上臂部测量点为右上臂肩峰后面与鹰嘴连线中点处，即肱三头肌肌腹部位。测量时沿上肢长轴方向纵向捏提皮褶。肩胛部测量点为右肩胛骨下角下方 1cm 处，测量时与脊柱成 45° 方向捏提皮褶。腹部测量点为脐水平线与右锁骨中线交界处。测量时沿躯干长轴方向纵向捏提皮褶。

（5）测量方法

1）测量前需将圆盘内指针调整到圆盘刻度表上的“0”位。调整方法：用于转动调整“0”位盘即可将指针对准到“0”。

2）校正压力，指针调至“0”位后，须将皮褶厚度计两个接点间的压力调节到国际规定的 $10g/mm^2$ 范围内。应将校验砝码挂于钳口，将指针调整至红色标记刻度的 15～25mm 范围内。

3）受试者自然站立，裸露被测部位。测量者需在测试者右侧进行测量。测试者选取测量点，用左手拇指和示指、中指将皮褶捏起，右手持皮褶厚度计将卡钳张开，卡在捏起部位下方约 1cm 处，待指针停稳，立即读取并做记录。每一部位要测量 2 次，如果两次测量结果差别大于 2mm，应重新测量。记录以 mm 为单位，精确到小数点后 1 位。

（6）注意事项

1）受试者自然站立，肌肉放松，体重平均落在两腿上。

2）测试时，要把皮肤与皮下组织一起捏提起来，但不能把肌肉捏提起来。

3）测试时，皮褶厚度计的钳口连线应与皮褶走向垂直。

4）测试过程中，皮褶厚度计的刻度盘和钳口压力应该经常矫正。皮褶厚度计的刻度盘应调整到“0”。指针矫正至“0”位后，再检查钳口压力是否合乎要求。

5）等 1～2s（不要时间太长）再读数。

6）更换测量点或给予充分时间让皮肤恢复正常纹理和厚度。

2. 体脂率（$F\%$） 皮褶厚度测量法是将皮褶厚度（mm）测量数据代入相应身体密度公式，计算身体密度（D_b）值，再将身体密度值代入预测公式，计算体脂率（$F\%$）。

（1）身体密度公式（表 6-8）

表 6-8　推测身体密度（D_b）的回归方程式

年龄	男子	女子
9～11 岁	D_b=1.087 9−0.001 51X	D_b=1.079 4−0.001 42X
12～14 岁	D_b=1.086 8−0.001 33X	D_b=1.088 8−0.001 53X
15～18 岁	D_b=1.097 7−0.001 46X	D_b=1.093 1−0.001 60X
19 岁及以上	D_b=1.091 3−0.001 16X	D_b=1.089 7−0.001 33X

注：X（皮褶厚度 mm）=肩胛下角皮褶厚度+肱三头肌皮褶厚度（mm）。

（2）计算体脂率公式

体脂率（$F\%$）=（4.570/身体密度−4.142）×100%（Brozek 公式）

体脂率（$F\%$）=（4.95/身体密度−4.50）×100%（Siri 公式）

成年人理想的体脂率：男性 12%～20%，女性 20%～28%。如果男性≥25%，女性≥30% 可判定为肥胖（表 6-9）。

表 6-9　体脂率的健康标准　（单位：%）

性别	年龄	体脂过低	非常好	很好	正常	体脂高	体脂过高
男子	≤19	<3	12.0	12.1～17.0	17.1～22.0	22.1～27.0	≥27.1
	20～29	<3	13.0	13.1～18.0	18.1～23.0	23.1～28.0	≥28.1
	30～39	<3	14.0	14.1～19.0	19.1～24.0	24.1～29.0	≥29.1
	40～49	<3	15.0	15.1～20.0	20.1～25.0	25.1～30.0	≥30.1
	≥50	<3	16.0	16.1～21.0	21.1～26.0	26.1～31.0	≥31.1
女子	≤19	<12	17.0	17.1～22.0	22.1～27.0	27.1～32.0	≥32.1
	20～29	<12	18.0	18.1～23.0	23.1～28.0	28.1～33.0	≥33.1
	30～39	<12	19.0	19.1～24.0	24.1～29.0	29.1～34.0	≥34.1
	40～49	<12	20.0	20.1～25.0	25.1～30.0	30.1～35.0	≥35.1
	≥50	<12	21.0	21.1～26.0	26.1～31.0	31.1～36.0	≥36.1

（3）体脂重量计算公式

体脂重量（F，kg）=体重（kg）×体脂率（%）

（4）瘦体重（去脂体重）计算公式

瘦体重（LBW，kg）=体重（kg）−体脂重量（%）

（5）注意事项

1）注意测量精确度，因为皮肤具有弹性，捏起皮褶后会慢慢回缩，所以应及时测量。

2）测量前检查皮褶钳质量，检查是否有延迟现象。

3）测试应分室，男女分开，便于测量。

4）测试人员必须经过培训，有操作经验，测量可靠性得到认可，并且可以独立操作。

（二）生物电阻抗测量法

1. 测量目的　掌握身体成分测定的生物电阻抗测量法，了解和熟悉体成分的分析评价方法和适用范围。

2. 测量原理　生物电阻抗测量为一种利用人体瘦组织是良导体而脂肪是绝缘体的特性，通过不同的电极向人体发放极微小的电流，进而测量人体电阻，再将测试结果代入含有身高、体重、性别、年龄的方程中来计算人体各种成分含量和比率的方法（图 6-2）。

人体的水分由细胞内液和细胞外液组成。给人体施以微小电流时，中频电信号测出的人体阻抗反映了身体总的水分含量，而低频电信号的阻抗则只反映细胞外液含量，这样通过换算就得到了细胞内液和细胞外液的含量。检测时，一般采用多频电信号测定，如 5kHz、50kHz、250kHz、500kHz 等，测算出身体水分含量。一般来说，细胞内液与细胞外液之比=2∶1 为健康，有些疾病，如肾脏病、心血管病，使细胞外液增加、体液不平衡，称为水肿。由于人体是由脂肪组织和非脂肪组织构成的，则人体体重=脂肪重量+去脂体重。脂肪组织是不含水分的，非脂肪组织中水的常量是 73.2%，测出了水分就等于测出了非脂肪组织的重量。身体重量构成与身体成分对应关系如图 6-3 所示，按这个对应关系可以对各身体成分进行简洁的推导。

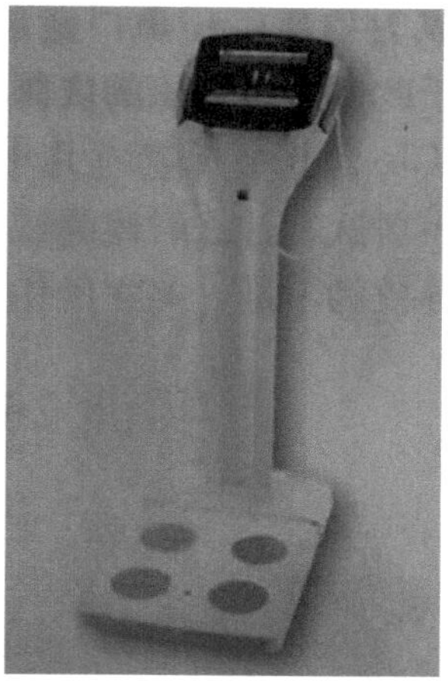

图 6-2 生物电阻抗身体成分测量仪

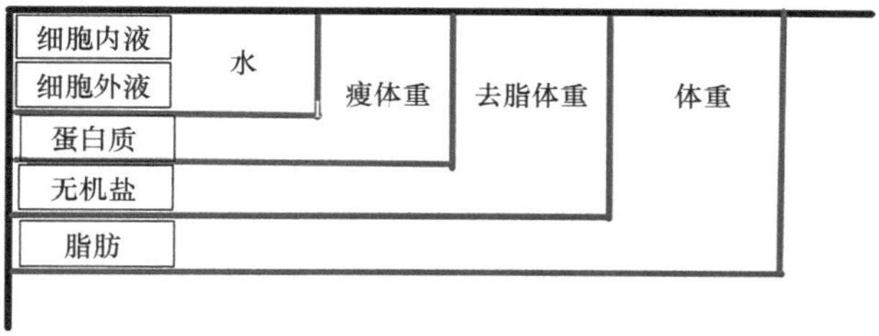

图 6-3 身体重量构成的成分

3. 测量仪器 体脂成分分析仪。

4. 测量内容 身体总水分、细胞内液、细胞外液、蛋白质、无机盐、体重、体脂肪量、去脂体重、肌肉量、体脂率、体细胞量、节段肌肉评估、腹部脂肪分析、腰臀比、内脏脂肪面积、内脏脂肪量、皮下脂肪量、内脏脂肪预测、基础代谢量、总能量消耗、体型判定、身体判定、身体年龄、水肿指数、节段水肿指数、节段去脂肪量、节段性评估。

5. 测量方法

（1）测量身高体重。

（2）将受试者的基本信息如姓名、年龄、体重、身高等输入体成分分析仪。

（3）赤足站立在体成分分析仪上，脚踝小腿后侧固定在脚踝电极处，双手握住手柄、自然展开，身体保持直立。

（4）体成分分析仪自动显示并打印测试报告。

6. 测量结果 包括身体状况、节段分析、综合分析及体型分析。

7. 注意事项

（1）测试前要正常饮食，不要过饱和过饥。

（2）测试前 4h 内不饮用任何含有咖啡因等利尿的饮料。可在测试前 2h 饮用适量的水。

（3）测试中尽量少穿衣服，不要带金属物品。

实训 25　心肺功能测量与评价

心肺功能包括心脏、血管、肺及有氧代谢等几个方面的能力。安静状态下心血管功能测试所获得的信息对制订运动处方是远远不够的，测试人员还需通过运动状态来观察心血管和呼吸系统的反应，进而对心肺功能有更深更全面的了解（表 6-10）。

表 6-10　我国体质监测的功能指标

监测指标	幼儿组（3～6 岁）	学生组（7～19 岁）	成年甲组（20～39 岁）	成年乙组（40～59 岁）	老年组（60～69 岁）
安静脉搏（心率）	•		•	•	•
血压			•	•	•
肺活量		•	•	•	•
台阶试验			•	•	

注：• 表示不同年龄组（3～69 岁）体质监测的机能指标。

一、脉搏（心率）

脉搏（心率）通常又分为晨脉（安静脉搏）、运动后即刻脉搏（心率）、恢复期脉搏（心率）及运动中脉搏心率。可用于评定心肺功能状态。测量方法通常有脉率指触法、心率遥测法等。

1. 测量仪器　常用秒表或医用听诊器、节拍器、自动心率记录仪、酒精棉球。

2. 实验原理　明确基础心率、静息心率、最大心率、心率储备、靶心率相关概念。基础心率是指人在基础状态的心率。基础状态是指人清醒、静卧、空腹、无肌肉活动时的状态。基础心率不受肌肉活动、环境温度、食物及精神紧张等因素的影响。通常是指晨脉，即清晨起床前空腹卧位的心率。静息心率是指清醒、不活动的安静状态下的心率。运动时运动强度与心率成正比，当人体进行大强度并持续一定时间的运动时，心率增加到极限水平，这就是最大心率（HR_{max}）。HR_{max} 随年龄的增加而逐渐减少，一般用 220 减去年龄来估算最大心率。最大心率与静息心率之差称为心率储备。靶心率是运动训练或体育课、体育锻炼中欲达到的心率。有氧运动的靶心率范围是：[静息心率+（最大心率−静息心率）×

60%]～[静息心率+（最大心率−静息心率）×80%]。

3. 测量方法

（1）脉率指触法

1）安静脉搏（心率）的测量：受试者取坐位，右前臂平放在桌面上，掌心向上，测试人员坐在右侧，以示指、中指和无名指的指端触压受试者手腕部的桡动脉，测量脉搏。测量幼儿心率时，取平卧位，将听诊器头放置在心前区（左锁骨中线与第5肋间隙交界处）。

测量脉搏前应先确定受试者为安静状态（以10s为单位，连续测量三个10s的脉搏，若其中两次测量值相同并与另一次相差不超过一次，即可认为受试者处于相对安静的状态；否则应适当休息，直至符合要求），然后测量30s的脉搏，所得数值乘以2即为测量值。记录以次为单位。

2）运动后即刻及恢复期脉搏的测量

令受试者按节拍器节律（30次/分）以2s一次的速度连续做蹲起运动3min，然后取坐位，测定运动后即刻、2min、4min、6min后脉搏。

（2）心率遥测法：又称自动心率记录仪，是一种用于自动检测人体在安静时或运动前、中、后心率变化的专业仪器。对于了解受试者的运动强度、训练效果以及功能恢复等都有重要作用。心率遥测法是指根据心脏兴奋时的电变化而采集心率，可间接推算最大摄氧量、乳酸阈和最大心率、心率储备、靶心率等测量，能帮助我们科学控制运动的强度。

1）将带有传感发射器的胸带固定在胸前（使用前在发射带内部的电极处涂抹少量的水），松紧适度。将运动心率表戴在手腕上。

2）按“使处于状态/起动-停止”键，测定相对安静状态和运动过程中的心率变化。测试完毕，再按“使处于状态/起动-停止”键。最后按“回忆、回收”键，手控提取记录数据或将数据输入的计算机对整个运动前后的心率变化进行分析处理。

4. 应用评价

（1）晨脉：清晨起床前卧位脉搏为晨脉。正常情况下晨脉相对稳定，当运动负荷过高，或由于身体疲劳，功能水平下降，晨脉会有所加快。若比平日上升12次/分及以上，说明对运动负荷不适用，恢复欠佳。当这种现象持续2～3日应注意调整运动量。晨脉突然加快或减慢常常提示在其过度疲劳或有疾病存在，应注意查找原因。

（2）运动后即刻脉搏：可提示运动强度的大小，可比较不同时期在同等负荷下即刻脉搏数，如果呈现下降趋势，表明运动者功能水平有所提高。

（3）恢复期脉搏：可了解运动员身体功能特别是心血管系统对负荷强度的适应程度。可在运动后1min、3min、5min、10min、30min时分别测量。在进行同一强度同一组合的训练手段后，若运动者恢复期脉搏前后对比有所下降，说明其功能水平有一定提高。反之则提示功能水平下降，恢复情况不佳。

5. 注意事项

（1）测试前 1～2h 内，受试者不要进行剧烈的身体活动。

（2）成年人和老年人测试前，要静坐 10min 以上才能进行测试，或用听诊器法测量心率。

（3）幼儿测试可于午睡后进行。

（4）进行遥测心率测试时，受试者不宜穿尼龙类衣服，以免干扰。

（5）在使用自动心率记录仪时，运动心率表与心率传输带的距离应保持在 1m 以内，同时应避免其他强磁场如手机、电视机、高压线、机动车等干扰。

（6）胸带的传感发射器部位要用酒精棉球进行脱脂处理，以防止绝缘而不能成功发射信号。

（7）测定结束后，应用中性肥皂和水溶液小心清洗心率传输带，清水漂洗干净后，用柔软的毛巾小心擦干心率传输带。

6. 判断标准（表 6-11）

表 6-11　脉搏（心率）等级评定标准　（单位：次/分）

年龄（岁）	男性				女性			
	优	良	中	差	优	良	中	差
20～29	≤59	60～69	70～85	≥86	≤71	72～77	78～95	≥96
30～39	≤63	64～71	72～85	≥86	≤71	72～79	80～97	≥98
40～49	≤65	66～73	74～89	≥90	≤74	75～79	80～98	≥99
50 及以上	≤67	68～75	76～89	≥90	≤76	77～83	84～102	≥103

二、血压

血压是血管内血液对单位面积血管壁的侧压力。正常的血压是血液循环流动的前提，血压在多种因素调节下保持正常，从而提供给各组织器官足够的血量，以维持正常的新陈代谢。血压是评价心血管生理功能的重要指标。

1. 测量仪器　电子血压计，或立柱式水银血压计和医用听诊器。

2. 测量方法　受试者取坐位，右臂自然前伸，平放在桌面，掌心向上。血压计“0”位与受试者心脏和右臂袖带应处于同一水平。测试人员捆扎袖带时，应平整、松紧适宜，肘窝部要充分暴露。摸准肱动脉的位置，将听诊器听诊头放置其上，使得听诊头与皮肤密切接触，但不能用力紧压或塞在袖带下，打气入带，使得水银柱急速上升，直到听不到肱动脉搏动声，再升高 20～30mmHg。随后缓缓放气，当听到第一脉跳声时，水银柱高度值即为收缩压；继续放气，脉跳声经过一系列变化，脉跳声突然弱时的水银柱高度值为舒张压。以 mmHg 为单位（1mmHg=0.1333kPa）。

3. 评价标准（表 6-12）

表 6-12　成年人血压等级评价标准与管理[a]　（单位：mmHg）

血压分层	收缩压	舒张压	行动	早期药物治疗	
正常血压	<120	<80	鼓励	无并发症	有并发症[b]
临界血压	120～139	80～89	调整	不需要药物治疗	药物治疗[b]
Ⅰ级高血压	140～159	90～99	调整	抗高血压药物	药物治疗 其他抗高血压药物
Ⅱ级高血压	≥160	≥100	调整	抗高血压药物，多数人应使用两种以上[c]	

注：a 治疗依据高血压分类；b 并发症包括心力衰竭、陈旧性心肌梗死、冠心病高危人群、糖尿病、慢性肾脏病和脑卒中再发预防。对慢性肾脏病或糖尿病患者，血压要降到 130/80mmHg 以下；c 对存在直立性低血压风险的人群。药物联合治疗应谨慎。

4. 注意事项

（1）测试前 1～2h 内，受试者不要进行剧烈的身体活动。

（2）测试前受试者静坐 10～15min，稳定情绪，接受测试。

（3）测试前应检查血压计水银柱是否在“0”位，若不在，应纠正。

（4）测试时，上衣袖口不应紧压上臂。

（5）袖带下缘应在肘窝上约 2.5cm 处。

（6）需重测时，应等待血压计水银柱下降至“0”位后再进行。

（7）血压重测者，必须在休息 10～15min 后才能进行。对血压持续超出正常范围者，要及时请现场人员观察其情况。

三、肺活量

肺活量是测试肺通气功能，反映人体肺的容积和扩张能力。肺活量大小受性别、年龄、身高、体重、训练水平和运动项目等因素影响。我国成年男子的肺活量为 3.5L，女子为 2.5L，40 岁以上的人肺活量有逐步减少的趋势。运动员肺活量一般大于正常人，尤其是划船和游泳运动员可达到 5000ml 以上。

1. 实验目的　使学生掌握肺活量的测试及评价方法。掌握评定肺功能指标的测定原理。

2. 实验原理　正常人在平静呼吸时，每次吸入或呼出的气体量称为潮气量（成年人约为 500ml）。平静吸气后再继续用力吸气直至不能再吸入，这时所增加的吸入气体量称为补吸气量（成年人约 1500ml）。平静呼气后再继续用力呼气直至不能再呼出，这时所增加的呼出气体量称为补呼气量（成年人约 1500mL）。肺活量是潮气量、补吸气量和补呼气量之和。肺活量的大小反映一次呼吸的最大通气能力，是肺静态通气功能的一项重要指标。

3. 测量仪器　电子肺活量计、橡皮吹嘴、消毒棉球等。

4. 测量方法　测试人员首先将口嘴装在文氏管的进气口上，交给受试者，受试者手握文氏管手柄，将导压软管保持在文氏管上方；受试者头部略向后仰，尽力深吸气直至不能再吸气，然后，将嘴对准肺活量计口嘴缓慢地呼气，直至不能呼气。此时，显示屏上显示的数值即为肺活量。测试 2 次，记录最大值，以毫升为单位，不计小数。

5. 评定标准（表 6-13、表 6-14）

表 6-13　20 ~ 69 岁肺活量评定标准（男子）　（单位：ml）

年龄组（岁）	等级				
	差	下	中	良	优
20～24	2369～2847	2848～3464	3465～3984	3985～4634	>4634
25～29	2326～2849	2850～3459	3460～3969	3970～4624	>4624
30～34	2240～2749	2750～3344	3345～3874	3875～4544	>4544
35～39	2135～2619	2620～3209	3210～3739	3740～4349	>4349
40～44	2007～2449	2450～3084	3085～3599	3600～4223	>4223
45～49	1900～2307	2308～2964	2965～3464	3465～4099	>4099
50～54	1770～2164	2165～2779	2780～3254	3255～3914	>3914
55～59	1667～2059	2060～2644	2645～3124	3125～3769	>3769
60～69	1225～1660	1661～2229	2230～2749	2750～3334	>3334

表 6-14　20 ~ 69 岁肺活量评定标准（女子）　（单位：ml）

年龄组（岁）	等级				
	差	下	中	良	优
20～24	1423～1873	1874～2354	2355～2779	2780～3259	>3259
25～29	1396～1834	1835～2364	2365～2769	2770～3244	>3244
30～34	1320～1781	1782～2339	2340～2759	2760～3242	>3242
35～39	1295～1734	1735～2249	2250～2674	2675～3159	>3159
40～44	1228～1629	1630～2149	2150～2573	2574～3074	>3074
45～49	1160～1519	1520～2049	2050～2459	2460～2979	>2979
50～54	1115～1469	1470～1977	1978～2374	2375～2899	>2899
55～59	1095～1374	1375～1854	1855～2249	2250～2769	>2769
60～69	895～1104	1105～1559	1560～1964	1965～2454	>2454

6. 注意事项

（1）测试时使用一次性口嘴。如果需重复使用，必须严格消毒。

（2）测试前，测试人员应向受试者讲解测试要领，做示范演示，受试者可试吹一次。

（3）测试时，受试者呼气不可过猛，防止漏气，且必须保持导压软管在文氏管上方。

（4）受试者在呼气过程中，不能再进行吸气。

（5）测试人员要及时纠正受试者用鼻呼气的错误做法，如果无法纠正，可让受试者带上鼻夹或用手捏住鼻子，防止鼻子呼气。

（6）下一次测试开始前，必须按键，回到“0”位。

（7）肺活量指数=肺活量/体重（ml/kg）。

四、台阶试验

台阶试验反映人体心血管系统功能水平。台阶试验是一项定量负荷功能试验，以相同的频率、相同的时间上下台阶，测试运动后的恢复心率。台阶指数越大，表明功能越好。

1. 试验目的　掌握台阶试验方法，了解评定心血管功能的基本方法。

2. 试验原理　我国采用的高度，20 岁以上男子为 30cm，女子为 25cm。

3. 测试仪器　台阶若干，电子台阶试验仪、秒表。

4. 测试方法　受试者自然站立在台阶前方，做好准备。测试人员按“启动”键，使台阶试验仪进入工作状态；试验仪的蜂鸣器发出 3 次预备声后，受试者按照蜂鸣器发出的提示音开始进行上下台阶运动。

当蜂鸣器发出第一声响时，一只脚踏上台阶；发出第二声响时，另一只脚踏上台阶，双腿伸直，呈站立姿势；发出第三声响时，先踏上台阶的脚下台阶；发出第四声响时，另一只脚下台阶。持续运动 3min。当蜂鸣器发出一声长鸣后，受试者结束上下台阶运动，立刻静坐，前臂前伸，掌心向上，手指自然分开，呈弯曲状，受试者随后将指脉夹夹在中指或示指的远节指骨，传感器贴紧指腹。

台阶试验仪开始测量运动后的三次脉搏，当仪器发出结束提示音后，表明测试结束。测试人员按“功能”键，依次记录运动时间、运动后第一分钟末、第二分钟末、第三分钟末的 30s 脉搏。

在测试过程中，如果受试者不能坚持运动或连续三次不能按照规定频率上下台阶，测试人员立即让受试者停止运动，同时按下相应的“功能”键，并为受试者夹上指脉夹，使得试验仪进入脉搏测试程序。

5. 评定标准（表 6-15、表 6-16）

表 6-15　成年人台阶指数评价标准（男子）

年龄组（岁）	等级				
	差	下	中	良	优
20～24	42.1～46.1	46.2～52.0	52.1～58.0	58.1～67.6	＞67.6
25～29	42.1～46.1	46.2～51.9	52.0～58.3	58.4～68.1	＞68.1
30～34	41.4～46.1	46.2～52.2	52.3～58.3	58.4～68.1	＞68.1
35～39	41.3～46.1	46.2～52.2	52.3～58.7	58.8～68.1	＞68.1
40～44	37.8～46.5	46.6～53.5	53.6～59.9	60.0～70.2	＞70.2

续表

年龄组（岁）	等级				
	差	下	中	良	优
45～49	35.5～46.3	46.4～53.5	53.6～60.3	60.4～70.2	＞70.2
50～54	31.5～45.8	45.9～53.5	53.6～59.9	60.0～69.7	＞69.7
55～59	29.9～44.7	44.8～53.2	53.3～59.9	60.0～69.7	＞69.7

表 6-16　成年人台阶指数评价标准（女子）

年龄组（岁）	等级				
	差	下	中	良	优
20～24	40.9～46.1	46.2～52.2	52.3～58.0	58.1～67.1	＞67.1
25～29	40.7～46.8	46.9～53.2	53.3～59.1	59.2～68.6	＞68.6
30～34	39.5～47.0	47.1～53.7	53.8～59.9	60.0～69.1	＞69.1
35～39	37.0～46.8	46.9～53.8	53.9～60.3	60.4～69.7	＞69.7
40～44	31.5～46.8	46.9～54.8	54.9～61.5	61.6～71.3	＞71.3
45～49	30.0～45.6	45.7～54.4	54.5～61.5	61.6～71.3	＞71.3
50～54	27.9～43.8	43.9～54.1	54.2～61.5	61.6～71.3	＞71.3
55～59	27.3～39.8	39.9～52.8	52.9～60.3	60.4～70.2	＞70.2

6. 注意事项

（1）心脏功能不良或患有心脏疾病者，不能进行此项测试。

（2）受试者在测试前不得从事任何剧烈活动。

（3）受试者在每次登上台阶时，腿必须伸直，膝关节不得弯曲。

（4）受试者必须严格按照提示音的节奏完成上下台阶运动。

（5）测试人员在仪器测量脉搏时，应经常用手指摸桡动脉搏动，与试验仪测量值进行对比。如果 10 次脉搏相差超过 2 次，可视为仪器不准，及时改用人工的方法测试脉搏。

五、最大摄氧量

最大摄氧量（VO_{2max}）是指人体在进行有大量肌肉群参与的长时间剧烈运动过程中，心肺功能和肌肉利用氧的能力达到本人极限水平时单位时间内所能摄取的氧气量。最大摄氧量是评价心肺耐力的主要指标。心肺耐力评估是任何一级或二级预防及康复项目中一个重要组成部分。最大摄氧量与心血管功能密切相关。反映了机体吸入氧、运输氧和利用氧的能力，是由最大心输出量和最大动静脉氧差决定。数值越大，表明耐力越好。

【测量原理】

最大摄氧量的测定方法分为直接测定法和间接测定法。通过气体分析仪收集受试者的呼出气体，分析和计算每分通气量（VE）、氧气（O_2）、二氧化碳（CO_2）浓度等指标。直到力竭运动负荷时测出运动中最大摄氧量。这种方法称为最大摄氧量直接测定法。由于心率、功率和摄氧量（VO_2）在一定范围内呈线性关系，因此可利用人体在亚极量运动时，机体处于稳定状态的功率和心率，间接推测最大摄氧量。此方法称为最大摄氧量间接测量法。

【测量仪器】

运动心肺功能测试系统、自动气体分析仪、跑台（或功率自行车），心率遥测仪、秒表等。

【测量方法】

（一）直接测定法——跑台或功率自行车测量法

通常在实验室条件下，让受试者在一定的运动器械上进行逐级递增负荷运动测定其摄氧量。常用的方式有跑台跑步、蹬踏功率自行车和有一定高度的台阶实验。由于运动器械、负荷方式不同，实验程序各异，所测得的 VO_{2max} 也略有不同。

1. 实验准备

（1）人员分工，总指挥兼气体分析仪器操作者 1 人，控制运动负荷强度 1 人，管理呼吸口嘴（或呼吸面罩）及安全保护者 1 人。

（2）受试者称体重，然后安装心率遥测仪，测定受试者坐位安静时心率和气体代谢各项指标，如 VO_2、CO_2、O_2、VE 等。

（3）令受试者上跑台或功率自行车。开始进行负荷运动，测定最大摄氧量。运动负荷方法可选择递增（表 6-17）或间歇负荷运动（表 6-18）。如受试者还能继续进行运动时，可继续运动直到力竭。Taylor 方案可在每一个运动期间的后 2min 收集气体，Astrand 方法可在每一个运动期间的后 2min 收集气体，并在最后一个运动期间的 2.5min 收集气体。

（4）测得最大摄氧量后，将跑台慢慢减速到开始准备活动时的强度，受试者进行慢跑至步行整理活动 5min，同时可摘下呼吸面罩或口嘴，然后停机并摘下心率遥测仪。

表 6-17 递增负荷运动参数

Bruce 方案（活动跑台）			McArdle 方法（功率自行车）		
速度（mph*）	坡度（%）	时间（min）	蹬圈数（r/min）	功率（W）	时间（min）
1.7	10	3	60	30	2
2.5	12	3	60	60	2
3.4	14	3	60	90	2
4.2	16	3	60	120	2

续表

Bruce 方案（活动跑台）			McArdle 方法（功率自行车）		
速度（mph*）	坡度（%）	时间（min）	蹬圈数（r/min）	功率（W）	时间（min）
5.0	18	3	60	150	2
5.5	20	3	60	180	2
6.0	20	3	60	210	2
6.0	22	3			

注：未达到力竭时可继续进行递增负荷运动。*1mph=1.6km/h

表 6-18　间歇负荷运动参数

Taylor 方案（跑台）			Astrand 方法（功率自行车）		
速度（mph）	坡度（%）	时间（min）	蹬圈数（r/min）	负荷（kg）	时间（min）
3.5	10	15	60	2	5
休息		5	休息		10
7	0	3	60	3	5
休息		5	休息		10
7	25	3	60	3.5	5
休息		5	休息		10
7	5	3	60	4	5

2. 功率自行车运动试验

（1）实验目的：了解功率自行车的操作方法，了解最大摄氧量的测试与评定。

（2）实验原理：功率自行车（bicycle ergometer）运动试验是让受试者连续蹬功率自行车，逐步增加蹬车阻力而增加运动负荷，作为运动生理、生化实验参数测定和室内体育锻炼的做功仪器。功率自行车是专业的定量负荷测试车。

瑞典 Monark 839E 有氧功率自行车计算机分析软件自带四个运动测试程序，根据受试者选定测试程序，通过运动测试过程中心率的值来推测受试者的最大吸氧量。瑞典 Monark 839E 有氧功率自行车是世界上最精确的车式测功计，用于健身评估、功能测试及体育医疗、研究、康复等。可做恒功率、恒阻力、恒心率练习或测试，并可储存测试、训练方案。遥测胸带监测心率。并配合一套软件，方便控制功率车和数据处理及打印报告。

（3）实验仪器：有氧功率自行车、气体代谢分析仪、心率表、血压计。

（4）最大摄氧量直接测试的基本步骤

1）打开功率自行车开关，佩戴好呼吸面罩、心率表及血压设备，令受试者静息 5min。

2）运动前即刻测运动状态下静息心率和血压。

3）令受试者在功率自行车上保持正确的姿势（如上肢直立，下肢在最大伸直位置保持膝关节 5° 屈曲，手应握在把手的正确位置上）。

4）运动开始前进行 2～3min 的热身运动，使得受试者熟悉功率车，并能适应第一级测试强度。

5）开始测试，按照表 6-17 或表 6-19 逐级递增负荷，记录每级负荷末的心率、血压和 RPE 值。要监测并及时记录受试者的表现和症状。直至受试者达到最大摄氧量水平，并至少符合以下条件之一：①摄氧量出现平台：增长＜2ml/(kg · min)。②呼吸交换率≥1。③心率≥190 次/分。④受试者已经达到力竭，经鼓励不能坚持运动。

6）保持或低于运动方案的第一级的运动功率，令受试者做整理活动。在恢复期所有生理观察指标（如心率、血压、症状和体征）需要至少持续监测 5min，如果出现异常反应，应延长监护期。持续进行低水平的运动直到心率、血压稳定，但不需要达到运动前水平。

（5）注意事项

1）在最大摄氧量测试前几小时，受试者不应参加重体力活动。避免餐后马上进行测试，在测试的 1h 内受试者应该避免吸烟。

2）电磁波会干扰遥测系统，在测试时功率自行车附近不允许使用手机。

3）如出现胸部、头部疼痛、面色苍白、发绀、恶心、血压过高［收缩压＞200mmHg 和（或）舒张压＞110mmHg］、心率或血压随着负荷的增加反而下降的情况，立即停止测试。

3. 跑台运动试验

（1）实验目的：使得学生了解运动跑台试验，了解最大摄氧量实验的测试和评定方法。

（2）实验原理：运动跑台活动平板是一种可以改变坡度和速度的步行器。它是人体运动训练、体育康复、运动健身中强度负荷制定与控制负荷的重要装置。运动跑台可与心肺功能测试系统、心电图仪、超声诊断仪等仪器配套使用，并可作为功能评定和运动训练、体育锻炼之用。

（3）实验仪器：电动跑台（心率遥测胸带）。

（4）实验方法

1）连接好外接电源，打开电动跑台的电源开关。用手按压控制面板上的相应按键，来控制电动跑台的运动速度和坡度。控制面板可实时显示运动时间、速度、坡度、距离、心率等指标。也可用计算机控制软件控制电动跑台，按照所选择的预定程序或自定义方案，开始运动。

2）跑台运动试验最常用的是 Bruce 方案，是让受试者在活动平板上行走，每 3min 增加一级负荷（包括速度和坡度），共分七级，运动中不休息，见表 6-19。

表 6-19　Bruce 方案

分级	速度 (mi/h)	速度 (km/h)	速度 (m/s)	坡度（%）	时间（min）	代谢当量（MET）
1	1.7	2.7	45	10	3	5
2	2.5	4.0	67	12	3	6
3	3.4	5.5	92	14	3	10
4	4.2	6.8	118	16	3	13
5	5.0	8.0	133	18	3	16
6	5.5	8.9	148	20	3	19
7	6.0	9.7	162	22	3	22

注：1 坡度=1.75%。

（5）注意事项

1）Bruce 方案和气体分析系统一起使用是直接测定最大摄氧量的最佳方法。该方法由于是极量负荷，故对心脏病患者或老年人有一定的危险性，试验中应注意受试者自我感觉、心电图的变化和血压变化，出现异常时，自行或命令其停止运动试验：①运动负荷增加，而心率不增加或下降。②出现头晕、面色苍白、冷汗、呼吸急促、下肢无力、动作不协调等。③受试人员要求停止运动。

2）避免空腹、饱餐后即刻进行运动试验。

3）运动试验前 2h 禁止吸烟、饮酒。

4）运动试验前休息半小时左右。

（6）实验报告（表 6-20）

表 6-20　有氧功率自行车运动试验

年级　　　　班级　　　　年　月　日

受试者姓名　　　　性别　　　　年龄

有氧功率自行车测试结果：

分析与评定：

考核成绩及评语：

教师签名：

年　月　日

（二）间接测定法

VO_{2max} 的间接推算法是指受试者进行亚极量运动时，根据其心率、摄氧量或达到某一定量心率的做功量等数值推算或预测 VO_{2max}，即通过建立的多元回归方程推算 VO_{2max}。

1. 12min 跑程推算法 12min 跑是目前国际社会最为盛行的一种最大摄氧量的间接测量方法，可作为一种心肺功能的评定方法。通过 12min 内跑动的最大距离，计算最大摄氧量。代入 Cooper 公式进行计算：$VO_{2max}=(D-504.9)/44.73$。也可通过跑的距离，查表进行简易推算（表 6-21）。

表 6-21 12min 跑程推算最大摄氧量

12min 跑程（m）	最大摄氧量［ml/(kg · min)］	12min 跑程（m）	最大摄氧量［ml/(kg · min)］
1000	14.0	2500	45.9
1100	16.1	2600	48.0
1200	18.3	2700	50.1
1300	20.4	2800	52.3
1400	22.5	2900	54.4
1500	24.6	3000	56.5
1600	26.8	3100	58.5
1700	23.9	3200	60.8
1800	31.0	3300	62.9
1900	33.1	3400	65.0
2000	35.3	3500	67.1
2100	37.4	3600	69.3
2200	39.5	3700	71.4
2300	41.6	3800	73.5
2400	43.8	3900	75.6

2. 哈佛台阶试验指数推算法 哈佛台阶试验指数推算法规定台阶高度为男子 50cm、女子 42cm，上下台阶次数为 30 次/分，运动时间为 5min。运动后坐在椅子上休息 3min，测量受试者恢复期的第 1、2、3min 前 30s 的心率。

哈佛台阶试验的指数有两种算法，即完全形式和简化形式，简化形式在群体测验中可以节省大量时间。

（1）完全形式哈佛台阶试验指数算法

$$哈佛台阶试验指数=(t\times100)/[(f_1+f_2+f_3)\times2]$$

式中，t 为运动持续时间（s）；f_1、f_2、f_3 为恢复期的第 1、2、3min 前 30s 脉搏。

（2）简化形式哈佛台阶试验指数算法

$$哈佛台阶试验指数=(t\times100)/(5.5\times f_1)$$

测试的注意事项：受试者每次上下台阶时腿及躯干要伸直；如因疲劳不能完成 5min 的运动时，可中途停止，测试人员记录实际运动的时间。

【判断标准】

（一）直接测定法

当受试者在运动中感到力竭时，测试者可用以下 4 种情况中任何 3 种同时出现的指标确定：

1. VO_2 不再增加而出现平台。继续运动时，相邻两次负荷摄氧量的差别在 150ml/min 或 2ml/（kg · min）。

2. 呼吸商大于 1.15。

3. 心率大于 180 次/分（少儿达 180 次/分）。

4. 血乳酸浓度大于 8mmol/L。

（二）间接测定法

1. 男子 12min 跑程推算法的判断标准见表 6-22，女子的判断标准见表 6-23。

表 6-22　12min 跑程推算法判断标准（男子）

年龄（岁）	低	较低	中等	高	很高
20～29	≤2.79	2.80～3.09	3.10～3.69	3.70～3.99	≥4.00[a]
	≤38	39～43	44～51	52～56	≥57[b]
30～39	≤2.49	2.50～2.79	2.80～3.39	3.40～3.69	≥3.70[a]
	≤34	35～39	40～47	48～51	≥52[b]
40～49	≤2.19	2.20～2.49	2.50～3.09	3.10～3.39	≥3.40[a]
	≤30	31～35	36～43	44～47	≥48[b]
50～59	≤1.89	1.90～2.19	2.20～2.79	2.80～3.09	≥3.10[a]
	≤25	26～31	32～39	40～43	≥44[b]
60～69	≤1.59	1.60～1.89	1.90～2.49	2.50～2.79	≥2.80[a]
	≤21	22～26	27～35	36～39	≥40[b]

注：a. 此行代表 12min 跑的距离，单位 km；b. 此行代表最大摄氧量，单位 ml/(kg · min)

表 6-23　12min 跑程推算法判断标准（女子）

年龄（岁）	低	较低	中等	高	很高
20～29	≤1.69	1.70～1.99	2.00～2.49	2.50～2.79	≥2.80[a]
	≤28	29～34	35～43	44～48	≥49[b]

续表

年龄（岁）	低	较低	中等	高	很高
30～39	≤1.59	1.60～1.89	1.90～2.39	2.40～2.69	≥2.70[a]
	≤27	28～33	34～41	42～47	≥48[b]
40～49	≤1.49	1.50～1.79	1.80～2.29	2.30～2.59	≥2.60[a]
	≤25	26～31	32～40	41～45	≥46[b]
50～69	≤1.29	1.30～1.59	1.60～2.09	2.10～2.39	≥2.40[a]
	≤21	22～28	29～36	37～41	≥42[b]

注：a. 此行代表 12min 跑的距离，单位 km；b. 此行代表最大摄氧量，单位 ml/(kg · min)

2. 哈佛台阶试验指数推算法　推算的哈佛台阶试验指数推算法评价指标详见表 6-24。

表 6-24　哈佛台阶试验指数推算法评价指标

哈佛台阶试验指数	评价等级
＜55	差
55～64	下
65～79	中
80～89	良
≥90	优

【注意事项】

1. 受试者实验前须进行心电图检查，正常值可进行测定。

2. 受试者在实验前 1h 禁止饮食和吸烟。

3. 注意受试者在运动中的不正常反应，其主观感觉不适时，可举手示意立即停机，应充分注意安全保护。

4. 操作气体分析仪时，注意气体代谢各指标的变化，特别是达到力竭运动及最大摄氧量时的准确性。

实训 26　肌肉适能测量与评价

美国运动医学会将肌肉力量、肌肉耐力和做功能力统称为肌肉适能。肌肉力量是指肌肉单次用力的能力或抗阻能力。肌肉耐力是指肌肉持续收缩的能力或重复次数。肌肉做功能力是指肌肉单位时间做功情况（即功率）。

测试原理：

1. 肌肉力量　力量可以是静态的或动态的。静态力量测试是针对相关肌肉和关节角度的，用最大随意收缩（maximal voluntary contraction，MVC）表示峰值肌肉力量。动态力量测试通常用一次最大重复次数（1RM）作为评价标准。1RM

是指在正确姿势和一定规则下全关节活动范围完成的最大阻力值。熟悉测试过程后，1RM 是表示肌肉力量的可靠指标。多次最大重复次数，如 4RM、8RM 等也可作为肌肉力量的评价标准。

2. 肌肉耐力 表示肌肉群在一定时间内完成重复收缩以导致肌肉充分疲劳的能力，或保持最大收缩能力（1RM）在特定百分比的持续时间。如果测试在一定阻力下的总重复次数，即为绝对肌肉耐力。如果在测量前后分别测量 1RM 特定百分比（如 70%）的重复次数，即为相对肌肉耐力。

一、握力

握力，即测量前臂和手部肌肉的力量，是成年人和老年人适用的测试指标。

1. 目的要求 使学生掌握人体前臂和手部肌肉力量。

2. 实训器材 电子握力计。

3. 实验方法 测试前，受试者用有力手臂持握力计外柄，另一只手转动握距调整轮调到适宜的握距，准备测试。

测试时受试者身体直立，两脚自然分开，与肩同宽，两臂斜下举，掌心向内，用最大力握紧内外握柄，读取数据。测量 2 次，取最好成绩。可以参考《国民体质测定标准手册》（成年人部分）的评价值进行成年人握力评价，详见表 6-25。

表 6-25 我国 20～59 岁成年人握力评价标准（kg）

性别	年龄	1 分	2 分	3 分	4 分	5 分
男	20～24 岁	29.6～36.9	37.0～43.5	43.6～49.2	49.3～56.3	＞56.3
	25～29 岁	32.6～38.3	38.4～44.8	44.9～50.4	50.5～57.6	＞57.6
	30～34 岁	32.2～38.0	38.1～44.9	45.0～50.6	50.7～57.6	＞57.6
	35～39 岁	31.3～37.2	37.3～44.4	44.5～50.2	50.3～57.7	＞57.7
	40～44 岁	30.0～36.4	36.5～43.4	43.5～49.5	49.6～56.7	＞56.7
	45～49 岁	29.2～35.4	35.5～42.4	42.5～48.5	48.6～55.4	＞55.4
	50～54 岁	27.2～32.7	32.8～40.3	40.4～46.3	46.4～53.2	＞53.2
	55～59 岁	25.9～31.4	31.5～38.5	38.6～43.9	44.0～50.7	＞50.7
女	20～24 岁	18.6～21.1	21.2～25.7	25.8～29.8	29.9～35.0	＞35.0
	25～29 岁	19.2～21.7	21.8～26.1	26.2～30.1	30.2～35.3	＞35.3
	30～34 岁	19.8～22.3	22.4～26.9	27.0～30.9	31.0～36.1	＞36.1
	35～39 岁	19.6～22.3	22.4～27.0	27.1～31.2	31.3～36.4	＞36.4
	40～44 岁	19.1～22.0	22.1～26.9	27.0～31.0	31.1～36.5	＞36.5
	45～49 岁	18.1～21.2	21.3～26.0	26.1～30.3	30.4～35.7	＞35.7
	50～54 岁	17.1～20.1	20.2～24.8	24.9～28.9	29.0～34.2	＞34.2
	55～59 岁	16.3～19.2	19.3～23.5	23.6～27.6	27.7～32.7	＞32.7

4. 注意事项

（1）测量时禁止摆动、下蹲或将握力计接触身体，即严禁身体其他部位帮助手臂用力。

（2）受试者不能确定有力手时，左右手各测 2 次，记录最大值。

（3）每次测试前，握力计须回到“0”。

二、纵跳

1. 实验目的　反映人体爆发力。

2. 实验仪器　电子纵跳仪。

3. 测量方法　测试时，受试者站在纵跳仪踏板上，尽力垂直向上跳起。测试两次取最大值记录，以厘米为单位，保留小数点后一位。国民体质测定采用纵跳测试来测量评价 20～39 岁成年男女的爆发力。纵跳评价标准如表 6-26 所示。

表 6-26　我国 20～39 岁成年人纵跳评价标准（cm）

性别	年龄	1 分	2 分	3 分	4 分	5 分
男	20～24 岁	19.9～24.8	24.9～32.3	32.4～38.4	38.5～45.8	＞45.8
	25～29 岁	19.6～23.9	24.0～31.3	31.4～36.8	36.9～43.6	＞43.6
	30～34 岁	18.4～22.3	22.4～29.3	29.4～34.7	34.8～41.1	＞41.1
	35～39 岁	17.8～21.4	21.5～27.9	28.0～33.0	33.1～39.5	＞39.5
女	20～24 岁	12.7～15.8	15.9～20.5	20.6～24.7	24.8～30.3	＞30.3
	25～29 岁	12.4～15.0	15.1～19.7	19.8～23.4	23.5～28.5	＞28.5
	30～34 岁	12.0～14.5	14.6～18.7	18.8～22.6	22.7～27.7	＞27.7
	35～39 岁	11.5～13.7	13.8～17.8	17.9～21.3	21.4～26.1	＞26.1

4. 注意事项

（1）起跳时，双脚不能移动或有垫步动作。

（2）落地时，禁止有意收腹屈膝。

三、俯卧撑测试

1. 实验目的　反映人体上肢、肩背部肌肉力量及持续工作能力。

2. 实验设备　垫子。

3. 实验方法　测试时，受试者双手撑地，手指向前，双手间距与肩同宽，身体挺直，屈臂使身体平直下降至肩与肘处于同一水平面，然后将身体平直撑起，恢复至开始姿势为完成 1 次。记录次数。国民体质测定采用俯卧撑测试来测量评价 20～39 岁成年男性的力量耐力。俯卧撑评价标准如表 6-27 所示。

表 6-27 我国 20～39 岁成年人男子俯卧撑评价标准（次）

性别	年龄	1 分	2 分	3 分	4 分	5 分
男	20～24 岁	7～12	13～19	20～27	28～40	>40
	25～29 岁	5～10	11～17	18～24	25～35	>35
	30～34 岁	4～10	11～15	16～22	23～30	>30
	35～39 岁	3～6	7～11	12～19	20～27	>27

4. 注意事项 测试时，如果身体未保持平直或身体未降至肩与肘处于同一水平面，该次不计数。详细测量方法见《国民体质测定标准手册》（成年人部分）。

四、1min 仰卧起坐

1. 实验目的 反映人体腰、腹部肌肉的力量及持续工作能力。

2. 实验仪器 垫子和秒表。

3. 测量方法 测试时，受试者在垫子上屈膝仰卧，大小腿呈 90°，两手手指交叉置于头后，另一同伴握住受试者两侧踝关节处并将其双足固定于地面。当受试者听到“开始”口令后，双手抱头，收腹使得躯干完成坐起动作，双肘关节触及或超过双膝，然后还原至开始姿势，此为完成一次。测试人员在发出“开始”口令的同时，开始计时，记录受试者在 1min 内完成仰卧起坐的次数（允许中间停顿休息）。以“次”为单位记录成绩。国民体质测定采用 1min 仰卧起坐测试来测量评价 20～39 岁成年女性的力量耐力。1min 仰卧起坐评价标准如表 6-28 所示。

表 6-28 我国 20～39 岁成年人女子 1min 仰卧起坐评价标准（次）

性别	年龄	1 分	2 分	3 分	4 分	5 分
女	20～24 岁	1～5	6～15	16～25	26～36	>36
	25～29 岁	1～3	4～11	12～20	21～30	>30
	30～34 岁	1～3	4～10	11～19	20～28	>28
	35～39 岁	1～2	3～6	7～14	15～23	>23

4. 注意事项

（1）测量时，受试者如果借用手臂撑起或臀部上挺再下压完成仰卧起坐，或仰卧时两肩部未触及地面，或坐起时双肘未超过双膝，该次仰卧起坐不计次数。

（2）测量过程中，测试者要随时向受试者报告已完成的次数。

（3）受试者的双脚必须与身体放在一个平面上，即受试者的双脚应放在垫子上。

实训 27 柔韧适能测量与评价

柔韧性是移动某一关节使其达到最大活动度的能力。柔韧性是一种重要的运动技能，也是日常生活中的重要能力。保持所有关节的柔韧性有助于完成运动；反之，当某项运动使关节结构超出最大活动度时，会导致组织损伤。实验室通常用关节活动度（ROM）来量化柔韧性，用度数表示。体质测试中采用坐位体前屈来测量柔韧性。坐位体前屈是用来测量腰部和腘绳肌柔韧性的测量方法。

1. 目的要求 测量腰部和腘绳肌的柔韧性。

2. 实训原理 依据两点间的距离大小进行测量。

3. 测量器材 坐位体前屈测试仪。

4. 方法与步骤 受试者坐在垫子上，两腿伸直，足跟并拢。两臂上举，上体尽量前屈，然后用量角规测量髂嵴点与大转子点连残、大转子点与外踝点连线间的夹角。测量 2 次，取最好成绩。国民体质监测坐位体前屈评价标准如表 6-29 所示。

表 6-29 我国 20～39 岁成年人坐位体前屈评价标准（cm）

性别	年龄	1 分	2 分	3 分	4 分	5 分
男	20～24 岁	−3.5～1.7	1.8～8.9	9.0～14.1	14.2～20.1	＞20.1
	25～29 岁	−5.5～0.9	1.0～7.8	7.9～13.4	13.5～19.7	＞19.7
	30～34 岁	−7.0～−0.1	0.0～6.4	6.5～11.9	12.0～18.3	＞18.3
	35～39 岁	−8.7～−2.4	−2.3～4.9	5.0～10.7	10.8～17.1	＞17.1
	40～44 岁	−9.4～−3.8	−3.7～3.9	4.0～9.9	10.0～16.2	＞16.2
	45～49 岁	−10.0～−4.4	−4.3～3.2	3.3～9.1	9.2～15.9	＞15.9
	50～54 岁	−10.7～−5.6	−5.5～2.1	2.2～7.9	8.0～14.8	＞14.8
	55～59 岁	−11.2～−6.3	−6.2～1.7	1.8～7.2	7.3～13.8	＞13.8
女	20～24 岁	−2.1～2.8	2.9～9.4	9.5～14.3	14.4～20.2	＞20.2
	25～29 岁	−3.5～1.9	2.0～8.2	8.3～13.9	14.0～19.7	＞19.7
	30～34 岁	−4.0～1.6	1.7～7.9	8.0～13.3	13.4～19.2	＞19.2
	35～39 岁	−8.7～−2.4	−2.3～4.9	5.0～10.7	10.8～17.1	＞17.1
	40～44 岁	−5.9～0.1	0.2～6.5	6.6～11.9	12.0～17.9	＞17.9
	45～49 岁	−6.3～−0.1	0.0～6.1	6.2～11.8	11.9～17.9	＞17.9
	50～54 岁	−6.5～−0.6	−0.5～5.9	6.0～11.4	11.5～17.9	＞17.9
	55～59 岁	−6.6～−0.8	−0.7～5.7	5.8～11.1	11.2～17.7	＞17.7

5. 注意事项

（1）测试前，受试者应做好准备活动，以防止测试时软组织拉伤。

（2）受试者测试过程中膝关节不能弯曲。

第七模块　运动处方

实训 28　运动处方概述

一、实验目的

学习本实验可使学生掌握制订运动处方的方法，并掌握不同运动种类运动强度的正确方法，能对不同人群实施运动处方，指导其进行科学体育锻炼，以达到保健强身和治疗疾病的目的。

二、实验原理

对于大多数成年人而言，以促进和维持体适能和健康为目的的运动计划必须包含有氧、抗阻、柔韧性和神经肌肉练习。每一类运动对人体的作用原理各有侧重。有氧运动主要采用以中等强度有氧代谢为主的耐力运动，是运动处方中最为常用的运动形式，它对增强心血管系统荷载、输送氧的能力和呼吸系统摄氧量以及提高组织有氧代谢利用氧的能力有显著的训练作用；抗阻运动可以增强肌力、调节肌力平衡，刺激本体感受器，改善躯体和肢体的形态和功能；柔韧性练习可调节自主神经系统，放松精神，改善心理状态以及改变形体等；神经肌肉练习包括平衡、协调、步态、灵活性和本体感觉等控制技能的练习，有时也被称为功能性体适能练习。

三、实验器材

血压计、听诊器、心率遥测仪、皮脂厚度计、功率自行车或活动平板、身高体重计、秒表等。

四、方法与步骤

运动处方的制订程序，见图 7-1。

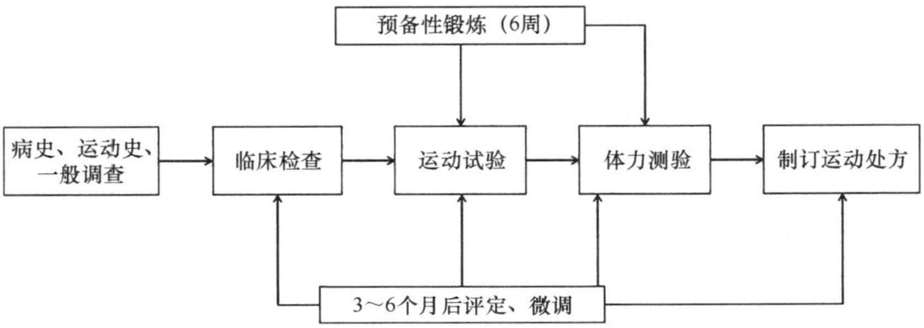

图 7-1　运动处方的制订程序

（一）首先对受试者进行一般情况调查

应包括了解运动目的，询问病史及健康状况（既往史、家族史），了解运动史（如运动爱好、现在运动状况），了解社会环境条件（如职业、工作与劳动条件、生活环境、营养等条件，周围能够利用的运动设施，有无指导等）。

（二）临床检查

1. 身体形态检查　身高、体重、皮脂厚度。

2. 身体功能检查　血压、脉搏、呼吸。

（三）运动试验及体力测验

1. 运动试验　是制订运动处方的基本依据之一。目前最常用的方法是“递增负荷运动试验”，它是推算运动中靶心率，从而确定锻炼时运动强度的最重要依据。

2. 体力测验　要求只对运动试验无异常的人进行，包括肌力、爆发力、柔韧性等运动能力和全身耐力的测验（如12min跑）；而若体质差者须在6周预备性锻炼后，才能进行体力测验。

（四）制订运动处方

根据以上检查的结果，在掌握受试者健康状况、体力水平及运动能力限度的基础上，按其具体情况制订运动处方。运动处方需要包含6个基本要素，遵循FITT-VP原则，即运动频率（frequency）、运动强度（intensity）、运动时间（time）、运动方式（type）、运动量（volume）和运动进度（progression）。

1. 运动频率　是指每周的锻炼次数。

（1）有氧运动的运动频率：中等强度运动每周不少于5天，或较大强度运动每周不少于3天，或中等到较大强度相结合的运动，推荐每周锻炼3～4次，即隔日锻炼1次。

（2）抗阻运动的运动频率：每周对每一个大肌群训练2～3次，推荐隔日锻炼1次。

（3）柔韧性运动的运动频率：至少每周2～3次，每天练习效果最好。

（4）神经肌肉练习的运动频率：每周至少2～3次。

2. 运动强度　是运动处方定量化与科学性的核心问题。也是设计运动处方中最困难的部分。它影响到锻炼效果和安全性问题。处方中应明确规定运动强度的安全界限和有效界限。

（1）有氧运动的运动强度：推荐大多数成年人进行中等和（或）较大强度运动；非健康个体可以通过低到中等强度的运动获益。一般来说，运动强度可根据最大摄氧量百分比、最大心率百分比、代谢当量、主观用力等级和无氧阈等指标来确定。心率是确定和监控有氧运动强度最常用的指标，主要有年龄减算法、净增心率计算法、靶心率法和运动负荷百分比级法。其中，靶心率（THR）= 最大心率（HR_{max}）×（60%～80%）。

（2）抗阻运动的运动强度：是以局部肌肉反应为主，运动强度由阻力大小与运动次数或阻力大小与持续时间决定。

（3）柔韧性运动的运动强度：拉伸达到拉紧或轻微不适状态。

（4）神经肌肉练习的运动强度：神经肌肉练习种类繁多，有效的神经肌肉练习强度尚不清楚。

3. 运动时间 是指每次持续运动的时间。

（1）有氧运动的运动时间：每天 30～60min 的中等强度运动，或 20～60min 的较大强度运动，或中等强度到较大强度相结合的运动。通常为 20～60min 或 20～30min，其中，达到适宜心率时间须持续 15min 及以上。

（2）抗阻运动的运动时间：尚无明确证明的有效时间，一般推荐每个练习动作的持续时间以 6s 及以上为宜。

（3）柔韧性练习的运动时间：是由一套或一段伸展性运动的运动时间和套数或节数决定的。推荐大多数人静力性拉伸至少保持 10～30s，老年人拉伸保持 30～60s 获益更多，在进行本体感神经肌肉易化法（PNF）时，最好先进行 3～6s 的轻到中等强度收缩（20%～75% 最大随意收缩），紧接着进行 10～30s 辅助拉伸。

（4）神经肌肉练习的运动时间：一般推荐每天至少 20～30min，每周累计不少于 60min。

4. 运动方式

（1）有氧运动的运动方式：推荐进行有规律的、有目标的、动用大肌群的持续性周期性运动。

（2）抗阻运动的运动方式：推荐进行包含所有大肌群在内的抗阻运动；推荐所有人进行多关节运动；抗阻运动计划中也可包含针对主要肌群的单关节练习；可以使用多种抗阻训练工具和（或）自身体重来完成上述运动。

（3）柔韧性运动的运动方式：建议对所有主要肌肉、肌腱单元进行一系列的柔韧性运动；静力性拉伸（包括主动和被动拉伸）、动力拉伸、弹震式拉伸以及本体感神经肌肉易化法都是有效的方法。

（4）神经肌肉练习的运动方式：建议老年人通过适当的训练和综合性活动（如太极、瑜伽）来提高控制能力（如平衡、灵活性、协调性和步态）。某些将神经肌肉练习与抗阻、柔韧性练习相结合的综合性体力活动有时也被看作神经肌肉练习，如太极、气功和瑜伽等。

5. 运动量（总量） 是由运动频率、强度和持续时间共同决定的。

6. 运动进度 有时也称进阶速度，取决于运动者的健康状况、体质水平、训练反应和运动计划的目的。进度可以根据运动处方 FITT 中运动者可以耐受的一项或几项来实现。在运动计划的开始阶段，应该强调低起始剂量、循序渐进原则，以降低运动风险，并增加运动者对运动的适应性和坚持性。

（五）评定及微调整

初定的运动处方可先试行锻炼，并观察脉搏、血压的变化，随时记录，每 1～2 周复查一次，对不适应的地方进行微调整，待适应后要坚持锻炼 3～6 个月，然后再做体力测验，重新制订长期的运动处方，并且要不断进行微调整，从而提高锻炼效果。

（六）注意事项

1. 根据事前临床医学检查的结果决定是否可进行运动负荷检查，排除运动禁忌证。

2. 运动试验前要准备好急救器材和急救药品，并会熟练操作。

3. 运动试验过程中要严密监控运动量。运动量过大，表现为锻炼后大汗淋漓、头晕眼花、胸闷、气喘、非常疲劳，脉搏在运动后 15min 尚未恢复，应注意调整减量。

4. 指出应禁忌参加的运动项目和某些容易发生危险的动作，并掌握运动中自我观察指标及出现指标异常时停止运动的标准。

5. 要学会用心率监测运动量。首先要学会准确熟练地测定自己的心率，可在桡动脉或颈总动脉处测得，但要数 10s，10s×6 次，较为准确。

五、实验报告（表 7-1）

表 7-1　运动处方的制订方法

姓名______________　年级__________　班级_________　_______年_____月____日

运动目的：
运动频率：
运动强度： 有氧运动：心率： 抗阻运动：负荷： 柔韧性运动： 神经肌肉练习：

续表

运动时间：

有氧运动：心率：

抗阻运动：负荷：

柔韧性运动：

神经肌肉练习：

运动方式：

运动进度：

注意事项：

评定及微调整：

考试成绩及评语：

教师签名：____________

_______年____月____日

实训 29　增肌（力量性）运动处方

一、实验目的

学习本实验可使学生掌握开具以增肌为目的的运动处方的方法。

二、实验原理

肌肉力量和耐力训练往往是轻、中年人以促进健康为目的的运动处方的基本内容。有氧运动对力量的增强并不明显，即使有一定的强度和时间，其对力量的影响仍不如专项力量训练。力量训练，即抗阻运动，是指人体克服阻力，提高肌肉力量的运动方式，可以提高肌肉力量、增加肌肉体积、发展肌肉耐力，促进骨骼发育和骨健康。

决定肌肉力量的生物因素很多，主要有肌纤维收缩时的初长度、肌纤维的横截面积、肌纤维的类型和运动单位、肌肉的收缩速度、神经系统的功能状态、年龄、性别及体重等。力量训练应遵循以下原则：

（一）超负荷原则

如果要提高肌肉的最大力量，必须使肌肉克服的阻力足够大，阻力应接近（超过肌肉最大负荷能力的 2/3）或达到甚至超过肌肉所能承受的最大负荷。只有力量训练的负荷逐渐增大，超过过去的负荷，才能发展力量。通常低于最大负荷 80% 的力量练习对提高最大肌力的作用不明显。

（二）专门性原则

进行负重抗阻练习时，应包含直接用来完成动作的肌肉群，并尽可能地模拟实际的动作结构及动作的节奏与速度。身体部位的专门性和动作结构的专门性，有利于神经系统的协调能力，以及肌肉内一系列适应性生理和生化变化。

（三）渐增负荷原则

通过一段力量训练后，力量获得增长，就要及时增加负荷量，才能使肌肉力量持续提高。某一负荷最初对某一个练习者来说可能是超负荷，但随着训练水平的提高，这一负荷对他来说已经是平常负荷，不是超负荷了。此时若不增加负荷，则后面的练习将逐渐转向发展肌肉耐力而不是发展最大肌力。因此，应逐渐增大负荷，使其训练的肌肉经常处于大负荷状态，才能有效地提高最大肌力。

（四）有效运动负荷原则

当运动强度和运动量太小时，对身体功能没有明显的影响，只有足够大的运动强度和足够长的运动时间才会对身体功能产生运动痕迹和效果，长期的身体功能运动变化最终将导致身体形态、结构的一系列变化。通常每次力量训练应有不少于三组接近或达到肌肉疲劳的力量练习，才能使肌肉力量逐渐提高。

（五）负荷顺序原则

力量练习过程中要考虑前后练习动作的科学性和合理性。应遵循先练大肌肉、后练小肌肉、前后相邻运动避免使用同一肌群的原则。大肌肉相对不易疲劳，可延长练习时间，而小肌肉练习容易疲劳，将影响大肌肉练习动作的完成。前后相邻动作若使用同一肌群，由于前动作练习已经使该肌群疲劳，所以完成后一动作时，既不能保证动作质量，又容易出现肌肉过度疲劳和肌肉损伤。

（六）合理训练间隔原则

两次训练之间的间隔时间要适宜，下次力量训练应在上次训练出现的超量恢复期内进行，从而使运动训练效果得以积累。训练间隔时间与训练强度和训练量相关，训练强度和训练量大，间隔时间长。

三、制订力量性运动处方

1. 一般步骤 制订力量性运动处方一般遵循 7 个步骤，如图 7-2 所示。

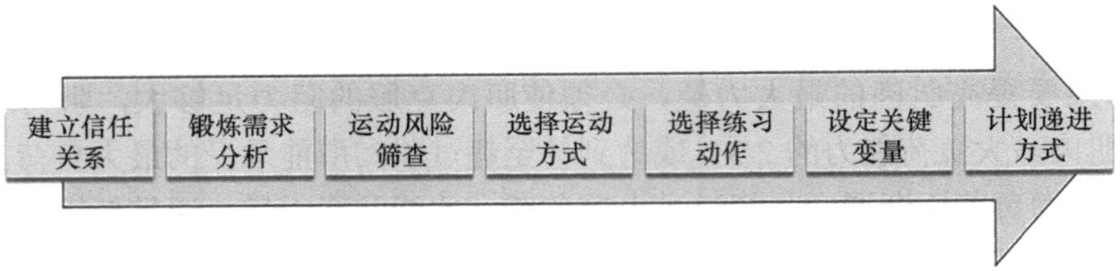

图 7-2　制定力量性运动处方 7 个步骤

2. 选择运动方式

（1）运动类型：主要包括以下 5 种，按发展顺序分别是稳定性力量、肌肉耐力、增肌、最大肌力、爆发力练习。

（2）组合方法和动作顺序：如重点与辅助练习组合、练习部位交替组合、练习动作交替组合、循环练习等。

（3）运动器材：自身体重、固定器械、自由重量等。

3. 选择练习动作

（1）以多关节复合型动作为主，即同时调动多个关节和肌群参与的练习动作。

（2）优先练习多关节复合型动作，然后进行单关节、小肌群练习。优先进行爆发力练习，再安排一般力量练习。

（3）相邻两个动作一般不要针对相同肌群。上肢和下肢轮流安排。屈伸、推拉动作轮流安排等。

4. 设定关键变量　为锻炼者设定力量练习的各个关键变量是制订运动处方的核心内容，详见表 7-2。

表 7-2　力量性运动处方关键变量设定参考

关键变量	主要目的			
	提高肌肉耐力	增肌	提高肌肉力量	增强爆发力
运动频率	2～3 次/周	3～6 次/周	3～6 次/周	2～3 次/周
运动强度	低–中 50%～70%1RM*	中 70%～85%1RM	高 85%～100%1RM	低–中–高 50%～75%1RM
重复次数	13～20 次	7～12 次	1～6 次	1～6 次
练习组数	2～3 组	3～5 组	4～6 组	3～6 组
间歇时间	30～90s	60～90s	3～5min	3～5min
运动总量	中–高	高	低	低
动作速度	中速	慢速–中速	慢速	快速

* 评定力量性运动强度的指标有负荷强度。力量性运动的负荷强度是指所加负荷的重量。确定负荷强度的原则是用“RM”表示某个负荷量能连续做的最高重复次数（repetition maximum）。例如，练习者对一个重量只能连续举起 6 次，则该重量就是 6RM。通常将 1～6RM 负荷的训练称为高强度训练，7～12RM 为中等强度，12RM 以上为低强度。

5. 计划递进方式 应遵循循序渐进原则，通过调节运动处方中的关键变量如负荷、动作难度，或组数、次数等，来不断提高锻炼效果。如阶段目标不变，最主要的是调节力量性运动强度；如阶段目标改变，需要重新设定关键变量。

四、注意事项

1. 遵循循序渐进原则。

2. 通过调节运动处方中的关键变量（负荷、动作难度，或组数、次数等）来不断提高锻炼效果。

3. 阶段目标不变，最主要的是调节力量性运动强度。

4. 阶段目标改变，需要重新设定关键变量。

五、实验报告（表 7-3）

表 7-3 增肌（力量性）运动处方

姓名________________ 年级__________ 班级______ ________年____月____日

运动目的：
运动方式及项目：
运动强度：
运动时间：
运动频率：
注意事项：
考试成绩及评语： 教师签名：_____________ ________年____月____日

实训 30 减脂（耐力）运动处方

一、实验目的

学习本实验可使学生掌握开具以减脂（耐力）为目的的运动处方的方法。

二、实验原理

减脂（耐力）素质是指机体坚持长时间运动的能力。许多运动项目的竞赛活动要持续较长的时间，这就需要运动员具有一定的耐力素质。按人体的生理系统，耐力素质可分为肌肉耐力和心血管耐力。其中，肌肉耐力也称为力量耐力，心血管耐力又分为无氧耐力和有氧耐力。根据耐力素质对运动专项的影响，耐力素质又可分为一般耐力和专项耐力。

（一）有氧耐力的评定及训练负荷强度的确定

1. 有氧耐力的评定 方法有很多，经常采用的方法是定距离的计时位移运动，如 1500～10 000m 跑、400～3000m 游泳、100～200km 骑自行车、5000～10 000m 划船等。还有定时 12min 跑等。

2. 有氧耐力训练负荷强度的确定

（1）持续训练法

1）负荷量：取决于运动员的训练水平，训练水平高的运动员可承受大负荷量，如持续跑可以坚持 2h，训练水平低的运动员只能承受较小的负荷量。但是一般来讲，发展运动员有氧耐力训练时间不能少于 20min。

2）负荷强度：采用持续训练法发展有氧耐力的负荷强度相对较小，心率可控制在 145～170 次/分。

3）工作方式：运用持续训练法发展运动员有氧耐力的方式很多。例如，中长跑运动员可采用以下方法：①匀速持续跑，心率控制在 150 次/分左右，时间坚持在 1h 以上。②变速跑，持续时间在 0.5h 以上。③越野跑，跑的速度可匀可变，时间为 1.5～2h。④法特莱克跑，有利于吸进更多的新鲜氧气，推迟疲劳出现的时间。

（2）间歇训练法

1）负荷强度：采用间歇训练法发展有氧耐力，在工作进行中，心率可达 170～180 次/分，如果训练距离长，心率就会低于这个数值。

2）负荷量：间歇训练中分段练习的负荷量常常用距离（m）或时间（s）两个指标来表示。用时间指标来表示，持续训练时间不超过 2min，少则仅有几秒。

3）间歇时间：采用间歇训练法必须严格控制间歇时间，一般要求机体尚未充分恢复、心率恢复到 120 次/分左右时，便可进行下一次（组）练习。

4）休息方式：采用间歇训练法，两次（组）练习之间应进行积极性的休息，以利于恢复。

5）练习的持续时间：采用间歇训练法，练习持续时间较长，有时需 0.5h 以上。

（3）循环练习：选好练习内容，应以有利于心血管耐力的练习为主。每次练习的负荷强度可按极限负荷强度的 1/3 左右安排。

（4）游戏练习：适用于少儿训练，负荷强度以心率 140～150 次/分为宜，运动时间在 20min 以上。

（二）糖酵解无氧代谢供能的无氧耐力的评定及训练负荷强度的确定

1. 糖酵解无氧代谢供能的无氧耐力的评定　可采用持续 1min 的练习方法，如 400m 跑就是不错的评定方法。

2. 糖酵解无氧代谢供能的无氧耐力训练负荷强度的确定

（1）负荷强度：糖酵解无氧代谢供能的无氧耐力训练的负荷强度为 80%～90%，以使运动员机体代谢状态处于无氧酵解供能状态。

（2）重复训练的次数与组数：每组训练的重复次数不必过多，如 3～4 次，以保持必要的负荷强度。练习的重复组数应视运动员训练水平而定。

（3）间歇时间：糖酵解无氧代谢供能的无氧耐力训练的间歇时间安排有两种做法；一种是次间歇时间以恒定不变的方式安排：另一种是逐渐缩短次间歇时间。

（三）耐力训练的方法

1. 一般耐力训练常用的方法

（1）长时间进行的其他周期性运动。

（2）各种形式的长时间跑。

（3）反复做克服自身体重的练习。

（4）长时间重复做某一非周期性运动。

（5）循环练习。

2. 专项耐力训练常用的方法

（1）体能主导类周期竞速项群的专项耐力训练：体能主导类周期竞速项目有耐力性和速度性两个项群。其专项耐力的主要训练方法为较长距离训练、间歇训练和比赛训练。

（2）技能主导类对抗性项群的专项耐力训练：技能主导类对抗性项目比赛时间较长，要求运动员能在比赛过程中持续表现出最佳技能和体能。因此，训练中要注意安排长时间的专项对抗练习或专项练习。有时甚至安排超过正式比赛局数或时间的训练，如排球打七局四胜、摔跤训练比赛持续 6min（正式比赛时间为 5min）等。

（3）技能主导类表现性项群的专项耐力训练：技能主导类表现性项群运动员的专项耐力表现为以最佳技术重复完成完整比赛动作的能力。因此，在比赛前练习中，须多次完成成套练习或 12 套及以上的练习，如优秀体操选手一次训练课中可完成 30～50 套完整练习。

3. 无氧耐力练习方法

（1）高抬腿跑转加速跑：行进间高抬腿跑 20m 左右转加速跑 80m，重复 5～8 次，间歇 2～4min，强度为 80%～85%。

（2）间歇后蹬跑：行进间做后蹬跑，每组 30～40 次或 60～80m。重复 6～8 次，间歇 2～3min，强度为 80%。

（3）反复起跑：蹲踞式或站立式起跑 30～60m，每组 3～4 次，重复 3～4 组，次间歇 1min，组间歇 3min。

（4）原地或行进间间歇车轮跑：原地或行进间做车轮跑，每组 50～70 次，重复 6～8 组，组间歇 24min，强度为 75%～80%。

（5）间歇接力跑：在跑道上，四人分成两组，相距 200m 站立，听口令起跑，每人跑 200m，交接排，每人重复 8～10 次。

（6）迎面拉力反复跑：在跑道上，两队相距 100m，每队 4～5 人，迎面接力跑，每人重复 5～7 次，强度为 70%～80%。

（7）间歇行进间跑：行进间限距为 30m、60m、80m、100m 等，计时进行，每组 2～3 次，重复 3～4 组。次间歇 2min，组间歇 3～5min，强度为 80%～90%。

（8）反复加速助跑：跑道上，加速跑 100m 或更长距离。跑完后放松走回再继续跑，反复 8～12 次，强度为 70%～80%。

（9）反复超赶跑：在田径场跑道或公路上，10 人左右成纵队慢跑或中等速度跑，听口令后，排尾加速跑至排头，每人重复循环 6～8 次，强度为 65%～75%。

（10）球场往返跑：在篮球场端线站立，听口令起跑至对面端线后再转身跑回。每组往返 4～6 次，重复 4～6 组，强度为 60%～70%。

（11）连续侧滑步跑：在跑道上，身体侧对前进方向，做侧滑步跑 100～150m，重复 5～6 组，组间歇 3～5min。强度为 60%～70%，每次心率达 160 次/分。

（12）综合跑：在跑道上，做向前跑、倒退跑及左右滑步跑，每种方式跑 50～100m。每次跑 400m，重复 3～5 组，间歇 3～5min，强度为 60%～70%。

（13）水中变姿变速游：每组各种姿势各游 50m。重复 3～5 组，间歇 10min。

（14）水中追逐游：两人相距 3～5m，同时出发，进行追逐游，每次 50m 往返，做 3～5 组，强度为 65%～75%，心率达 160 次/分以上。游的姿势两人必须一致。

（15）游泳接力：四人或四人 50m 往返接力，也可混合姿势游。每人游 4 次为一组。重复 3～4 组，间歇 5～8min，强度为 60%～70%，也可比赛进行。

（16）上下坡变速跑：在 7°～10° 角的斜坡跑道上，做上坡加速快跑 100～120m，下坡放松慢跑回起点。每组 4～6 次，重复 3～5 组，组间歇 10min，

强度为 65%～70%。

（17）往返运球投篮：在篮球场，由一端线运球至另一篮下投掷后，再运球返回投篮。每组往返 4 次，重复 4～6 组，组间歇 3min，强度为 55%～60%。投掷方式不限，要投中后返回。

（18）往返运球跑：在篮球场，由一端线运球至另一端线，然后换手运球跑回，往返 6 次为一组，重复 4～6 组，组间歇 2min，强度为 60%～75%。

（19）跳绳接力跑：在跑道上，两组相距 100m，做往返跳绳接力跑。每组往返 4 次，重复 4～5 组。组间歇 5min。强度为 60%～65%。应有一定的速度要求。

（20）双脚或两脚交替跳藤圈：两手握藤圈，原地双脚连续跳藤圈或双脚交替连续跳。双脚跳每组 50～60 次，交替跳每组 100 次，重复 4～5 组，组间歇 3min，强度为 50%～60%。

（21）连续滑步移动 - 侧倒体垫球 - 滚翻：在排球场，根据教练员的手势及抛球动作做连续滑步移动 - 侧倒体垫球 - 滚翻动作。8～10 次为一组，重复 3～4 组，组间歇 8～10min，强度为 65%～70%。

（22）结合各专项动作循环练习：以各专项的专门练习或辅助练习等组成一套练习，反复循环进行，强度为 65% 左右。

4. 有氧耐力练习方法

（1）定时跑：在场地、公路或树林中做 10～20min 或更长时间的定时跑，强度为 50%～55%。

（2）定时定距跑：在场地或公路上做定时跑完固定距离的练习。如要求在 14～20min 内跑 3600～4600m，强度为 50%～60%。

（3）越野跑：在公路、树林、草地、山坡等场地进行。如以跑的距离要求一般在 4000m 以上，多可达 10 000～20 000m，如以时间计算，一般在 20min 以上，多可达 1h 以上，强度为 40%～50%。

（4）法特莱克跑：在场地、田野、公路上进行自由变速的越野跑或越野性游戏。最好在公园、树林中进行，30min 左右，也可更长些时间，强度为 50% 左右。

（5）定时走：在场地、公路或其他自然环境中按规定时间做自然走或稍快些自然走，一般走 30min 左右，强度为 40%～50%。

（6）大步走、交叉步走或竞走：在场地、公路或其他自然环境中做大步快走、交叉步走或几种走交替进行。每组 1000m 左右，重复 4～6 组，组间歇 3～4min，强度为 40%～50%。

（7）沙地竞走：在海滩沙地上竞走练习，每组 500～1000m，重复 4～5 组，组间歇 3min，强度为 55%～60%。

（8）水中定时游泳：不规定游泳姿势及速度，规定在水中不间断地游一定的时间，如不间断地游 15min、20min 等，强度为 40%～50%。

（9）篮球“斗”游戏：在篮球场上打半场或全场比赛性“斗牛”30min 以上，强度为 40%～60%。

（10）5min 以上的跳舞：如健美操、迪斯科舞蹈等，不间断地跳 5min 以上。重复 4～6 组，组间歇 5～8min，强度为 40%～60%，心率控制在 160 次/分以下。

三、制订运动处方

（一）运动目的

1. 增强心脏泵血功能 长期耐力锻炼可以使心肌增厚，收缩力加强，心室容积增大，从而增强心脏的泵血功能，表现为心脏每搏输出量增加。在安静状态下，由于每搏输出量加大，心脏跳动比较少的次数即可满足每分输出量的需要，因而减轻了心脏的工作负担；而参加体力劳动或进行剧烈运动时，较大的每搏输出量，加上较高的最大心率，使心脏的每分输出量提高，VO_{2max} 加大，心脏的储备能力大大提高。

2. 增强呼吸系统功能 通过耐力锻炼，呼吸系统功能得到增强，表现为呼吸肌的力量增强，呼吸肌耐力提高，肺活量、肺通气量明显增加。呼吸系统工作能力提高，可提高机体的供氧能力。呼吸系统和心血管系统功能的增强，可以使机体更好地适应训练和比赛的需要。

（二）运动种类

耐力训练的主要方法是有氧运动。某些球类游戏和我国传统的体育活动也有提高心肺耐力素质的作用。近年来小负荷的力量练习逐渐被用在提高心肺耐力的训练中。

1. 球类游戏 常用于心肺耐力素质锻炼的球类项目有非竞赛性的篮球、排球、足球、羽毛球、乒乓球、网球等。球类运动是一种非周期性运动，其趣味性和娱乐性大大高于周期性有氧运动。

2. 有氧运动 可以持续很长时间，也被称为耐力练习。典型的有氧运动包括行走、慢跑、骑自行车、上下台阶等。这些项目具有有氧运动的各项特点，能够准确地计算出运动时的强度。爬山、游泳、划船、滑冰、旱冰、滑雪等也属于周期性的有氧运动，但运动强度不如上述项目容易控制，需要有一定的心肺耐力素质基础。其中，水上运动、冰雪运动均要求锻炼者掌握一定的专门技术，并具备专门的场地、设备、器材，受地区限制比较明显。

3. 小负荷力量练习 力量练习曾被排除在心肺耐力锻炼的手段方法之外，特别是在心血管系统疾病的康复过程中，为避免力量练习加大心脏的工作负担，力量练习（特别是静力性力量练习）被列入禁止的范围。

近年来，国内外研究报道，在冠心病康复中已不再禁止静力性力量练习。将力量练习用于心脏康复的后期，目的是使患者得到维持日常生活需要的力量。训练方法偏重采用小强度、多重复次数的力量耐力训练。

采用运动强度在运动处方规定范围之内的小负荷、多重复次数的力量练习，在提高运动员心肺耐力的同时，还有助于提高肌肉的力量耐力，成为健身活动中心肺耐力锻炼的常用手段之一。例如，在健身房中利用各种力量练习器械，或利用全民健身工程的多种器械，循环进行小负荷、重复多次、强度适当、持续一定时间的运动。

通过小负荷的力量练习，还可以适当增强肌肉力量，提高基础代谢水平，增加能量的消耗，减少脂肪的堆积，取得更好的减脂效果。

（三）运动强度

确定运动强度是制订耐力运动处方的关键，一般常采用靶心率、吸氧量/MET、RPE 等指标确定运动强度。

1. 靶心率

（1）用最大心率百分比（% HR_{max}）确定靶心率：一般常用“220−年龄”计算出 HR_{max}，取 HR_{max} 的 70%～85% 为靶心率，美国运动医学会 2000 年版《运动试验和处方指导书》提出：靶心率的低限为 HR_{max} 的 55%～65%。高限为 HR_{max} 的 90%。经常进行锻炼、想进一步提高心肺功能者，可取 70%～85% HR_{max}（相当于 55%～75% VO_{2max}）为靶心率。

（2）用心率储备确定靶心率：心率储备（heart rate reserve，HRR）的计算公式为

$$HRR=(HR_{max}-HR_{rest})\times\%EI+HR_{max}$$

式中，HR_{rest} 为安静时心率，%EI 为练习强度（exercise intensity）百分比，其低限为 40%～50%，高限为 85%。

HRR 的推算方法，比按照 70%～85% HR 推算出的靶心率稍高，且随安静时心率的提高而提高。采用 HRR 方法，年龄相同、安静时心率不同的人，HRR 将有区别。

2. 吸氧量/MET 一般来讲，40%～50% VO_{2max} 为锻炼的有效界限，70% VO_{2max} 为安全界限。运动处方中采用的范围为 40%～90% VO_{2max}，一般人所取的范围多为 60%～80% VO_{2max}，而有一定训练水平的运动员可取 90% VO_{2max}。

3. RPE 训练时如果自我感觉非常轻松，则达不到训练效果。按照 RPE 表（见表 1-1），自我感觉在 12～16，可以收到心肺耐力训练效果。

开始训练时，可由 11～12 开始。逐步提高到 13～15。经过连续分级运动试验（graded exercise test）测试，可以按照 HRR 的范围，确定训练时相应的 RPE。RPE 是控制训练强度的一个辅助指标。经过一段时间的调练，能够比较准确地用 RPE 来控制自己的强度之后，运动员可以避免锻炼中途暂停活动，测量脉搏。

这对体脂酸多、脉搏不易测量者，实用价值较大。当身体功能情况暂时有改变时（如休息不好、疲劳、身体不适等），RPE 有时比客观指标更为敏感，运动员可根据 RPE 及时调整训练计划。

（四）运动频率

训练水平一般的人每周可活动 3～5 次（隔日锻炼一次），训练水平高的人可增加次数。运动强度达到 60%～80% HRR 或 70%～85% HR_{max}，3 次/周即可保持或提高心肺功能；采取低运动强度，每周需要活动 3 次以上。

（五）运动时间

运动强度和运动时间共同决定一次训练的运动量。不同训练者的运动时间与是否经常训练、自身的身体功能有关。不经常参加训练，身体功能不好，每次运动时间较短；经常参加训练，身体功能好，每次运动时间较长。另外。也可以结合训练目的确定运动时间的长短。

训练强度在 HRR 范围内，持续一定的时间，才能保持和提高心肺耐力。一般耐力训练，持续时间为每天 20～60min。这个时间包括准备活动和整理活动，其中至少要有 20min，心率保持在 HRR 范围（原要求为 15min 以上）。

四、注意事项

在进行心肺耐力训练前和训练过程中，应加强医务监督，根据训练者的身体状况做好相应的监护工作。训练者在训练前要做准备活动，训练后要做整理活动，准备活动和整理活动一般持续 5～10min，且要做充分。另外，可根据训练者的具体情况，提出相应的注意事项，如运动伤病的康复期、注意事项等。

五、实验报告（表 7-4）

表 7-4　减脂（耐力）运动处方

姓名________　　年级________　　班级________　　________年____月____日

运动目的：

运动方式及项目：

运动强度：

续表

运动时间：
运动频率：
注意事项：
考试成绩及评语： 教师签名：____________ ________年____月____日

实训 31　冠心病患者运动处方

一、实验目的

学习本实验可使学生掌握冠心病患者运动锻炼的适应证和一般运动处方，并熟悉冠心病患者运动的注意事项，使其进行安全有效的运动。

二、实验原理

冠心病的运动疗法已经得到了国内外学者的一致肯定。运动锻炼一方面可促进心肌侧支循环的形成和改善原有侧支循环的血容量，使心肌的供氧量增加；另一方面可改善循环系统对运动的反应和调节功能，有助于减少心肌的耗氧量。同时，适当地运动可以减轻冠心病危险因素的威胁，如运动可减轻体重、降低血液黏稠度、增加血液中纤溶蛋白酶的活性，还可使高血压降低和稳定，并有助于改善情绪、减少或减轻心绞痛的发作。

1. 冠心病运动疗法的适应证　心肌梗死后处于稳定状态；稳定型心绞痛；已代偿的充血性心力衰竭；冠状动脉搭桥术后。

2. 冠心病运动疗法的禁忌证　不稳定型心绞痛；严重的主动脉狭窄；严重的心力衰竭；严重的心律失常；体温超过 38℃。

三、运动处方

（一）运动方式及项目

有氧运动，如步行、慢跑、游泳、骑自行车及登山等；力量性运动，如哑铃、健身器械的抗阻等长运动；放松性运动，娱乐性运动，医疗体操和我国传统健身方法等。

（二）运动强度

1. 有氧（耐力）运动　50%～85% HR_{max}。

2. 力量性运动　一次最大抗阻重量的 40%～50%，每组 8～10 次，以后按 5% 的增量逐渐增加运动负荷。

3. 其他类型运动　应用中小强度。

（三）运动时间

1. 有氧（耐力）运动　至少 15min（不包括准备活动和整理活动）。

2. 力量性运动　每次 5～10 组，组间歇 30s。

3. 其他类型运动　医疗体操，1～2 套；放松性运动和娱乐性运动，10min 以上。

（四）运动频率

1. 有氧（耐力）运动　每周至少 3 次。

2. 力量性运动　每周 3 次。

3. 其他类型运动　每周 1 次。

四、注意事项

1. 严格掌握好适应证，以免出现意外。

2. 每次锻炼时都要做好准备活动（5～10min）和整理活动（5min），否则容易引起心绞痛和心脏不适。

3. 根据患者的具体情况确定运动项目和运动负荷等，每次锻炼的负荷量灵活掌握，量力而行，不要强行达到一定的心率。

4. 中等轻度以上运动时，应有运动前后的医学监护。

5. 运动中，如出现气促、眩晕感，应增加间歇时间或多穿插进行平稳的呼吸练习；如突然感觉极度疲劳，左上臂和左颈部有压迫感或疼痛，甚至胸痛、心前区不适、心绞痛，则应立即停止运动，必要时服用急救药物或请医生检查。

五、实验报告（表 7-5）

表 7-5　冠心病患者的运动处方

姓名________________　年级____________　班级__________　________年____月____日

运动目的：
运动方式及项目：

续表

运动强度： 有氧（耐力）运动： 力量性运动： 其他类型运动： 运动时间： 有氧（耐力）运动： 力量性运动： 其他类型运动： 运动频率： 有氧（耐力）运动： 力量性运动： 其他类型运动： 注意事项：
考试成绩及评语： 教师签名：＿＿＿＿＿＿ ＿＿＿＿年＿＿月＿＿日

实训 32　糖尿病患者运动处方

一、实验目的

学习本实验可使学生了解运动对糖尿病治疗的重要作用，掌握糖尿病的运动处方，并指导糖尿病患者进行科学体育锻炼，达到调节糖代谢、增强患者体质的目的。

二、实验原理

饮食控制、药物治疗及运动疗法三种方法曾被誉为治疗糖尿病的“三驾马车”。肌肉运动可以改善神经系统对糖代谢的调节，促进机体对糖的利用。如体育运动可以加强胰岛素对葡萄糖的调节作用，提高机体对胰岛素的敏感性，改善胰岛素与组织受体的结合能力；运动又可提高游离脂肪酸的利用率，有利于降低血脂，促进脂肪代谢，减轻体重，促进整个机体代谢功能的恢复；此外，长期体育锻炼能有效增强体质，增加全身抵抗力，防止或减少并发症。

三、运动处方

（一）2 型糖尿病

1. 运动方式及项目　主要采用有氧（耐力）运动，如步行、慢跑、游泳、划船、骑自行车及球类活动等。其中，步行是国内外最常用的方法。此外，也可采用医疗体操和我国传统健身术，如太极拳、各类气功等。

2. 运动强度　采用中等强度（相当于 50%～60% VO_{2max} 或 65%～75% HR_{max}）的运动强度。如步行方式，病情轻者可进行快速步行，120～125 步/分；一般情况尚可的患者可进行中等速度的步行，105～115 步/分；年老体弱或合并心肺功能不全的患者应采用慢速步行，90～100 步/分。

3. 运动时间　每次持续 30min，以后逐步延长至 1h 或更长。

4. 运动频率　每周至少 3～5 次。

（二）1 型糖尿病

1 型糖尿病运动处方的制订比较复杂。一般体力锻炼宜在餐后进行，运动负荷不宜过大，持续时间也不宜过长。运动方式采用太极拳、气功、步行、游泳等；每次运动 20～30min，每日重复 1～2 次，但对因糖尿病而影响了自主神经功能的患者，可通过疲劳程度的自我感觉进行运动强度的控制。

四、注意事项

1. 运动疗法应与饮食及药物治疗相结合，不宜在空腹及药物作用高峰时进行锻炼，以免发生低血糖反应。

2. 避免短时间剧烈运动，以免使患者出现全身无力、饥饿、烦躁及心悸等不良反应。

3. 对有合并症的老年糖尿病患者，最好先做运动耐力试验，评价其心肺功能，再制订运动处方，防止发生意外。

4. 定期检查血糖和尿糖，随时观察机体对体育运动的反应，以便及时调节和掌握运动量，观察疗效。

5. 避免在运动肢体注射胰岛素。

6. 正式运动的前后分别有 5～10min 的准备活动和 5min 的整理活动。

五、实验报告（表 7-6）

表 7-6　糖尿病患者的运动处方

姓名＿＿＿＿＿　　年级＿＿＿＿＿　　班级＿＿＿＿＿　　＿＿＿＿年＿＿月＿＿日

运动目的：
运动方式及项目：

续表

运动强度：
运动时间：
运动频率：
注意事项：
考试成绩及评语： 教师签名：________ ____年___月___日

实训33 高血压患者运动处方

一、实验目的

学习本实验可使学生了解运动疗法对高血压的适应证，掌握高血压科学、规范的运动处方，并理解运动对高血压的作用机制。

二、实验原理

长期、有规律的运动可降低高血压患者血压，一是通过调整自主神经系统功能，降低交感神经兴奋性、迷走神经张力，缓解小动脉痉挛；二是扩张肌肉血管，增加毛细血管的密度或数量，改善血液循环和代谢；三是改善情绪，减轻高血压的危险因素。

三、运动处方

（一）运动方式及项目

主要采用中低强度有氧运动，如步行、慢跑、游泳、骑自行车及球类活动等；也可采用我国传统健身手段，如太极拳、气功等。此外，近年小强度的抗阻力运动也被应用于轻度高血压患者。

（二）运动强度

1. 中低强度有氧运动 每次运动强度一般为50%～60% HR_{max}，停止运动后心率应在3～5min内恢复正常，50岁以上患者运动时心率不应超过120次/分。

2. 我国传统健身手段 太极拳需要打 1～3 套。气功中的放松功较好。

3. 小强度抗阻力运动 循环抗阻训练，采用相当于 40% 的一次最大负重练习，每组 10～15 次。

（三）运动时间

1. 中低强度有氧运动 每次运动 20～30min。

2. 我国传统健身手段 气功每次 30～45min。

3. 小强度抗阻力运动 10～15 组，组间歇 10～30s。

（四）运动频率

1. 中低强度有氧运动 每周运动 3～5 次。

2. 我国传统健身手段 每天 1 次。

3. 小强度抗阻力运动 每周运动 3 次。

四、注意事项

1. 要严格掌握适应证，运动疗法主要应用于临界性高血压和一期、二期原发性高血压。

2. 不要轻易撤除药物治疗，在很多情况下，运动疗法只是原发性高血压治疗的辅助方法。

3. 严格掌握运动量，并根据不同疾病采取不同的方法，如高血压合并冠心病时活动量应偏小。

4. 在运动中应加强自我监督和医学指导，如在运动中出现头晕、头痛、恶心呕吐、心律失常、呼吸困难和心绞痛等现象时，均应暂停运动。

5. 运动时，切忌做鼓劲憋气、快速旋转、剧烈比赛以及过度、过深低头等动作。

6. 持之以恒，即使血压已经较平稳，仍需要坚持，这样有利于巩固疗效。

五、实验报告（表 7-7）

表 7-7 高血压患者运动处方

姓名____________ 年级__________ 班级________ ______年____月____日

运动目的：
运动种类及方式：

续表

运动强度：

1. 中低强度有氧运动：
2. 我国传统健身手段：
3. 小强度抗阻力运动：

运动时间：

1. 中低强度有氧运动：
2. 我国传统健身手段：
3. 小强度抗阻力运动：

运动频率：

1. 中低强度有氧运动：
2. 我国传统健身手段：
3. 小强度抗阻力运动：

注意事项：

考试成绩及评语：

教师签名：____________

________年____月____日

实训34 肥胖者运动处方

一、实验目的

学习本实验可使学生了解肥胖对身体健康的危害，熟悉运动锻炼对肥胖者的重要意义，掌握肥胖者的一般运动处方。

二、实验原理

肥胖者是指单纯性肥胖人群，即排除了内分泌代谢病引起的肥胖患者。目前对单纯性肥胖症国际上通常采用“饮食调整+运动+行为矫正”的综合方案。其中，运动疗法占有重要地位。运动锻炼可增加机体对热能的消耗，促进脂肪的分解，并抑制脂肪酸再合成脂肪，使体内脂肪减少，体重下降；肌肉运动还能提高血液内葡萄糖的利用率，防止多余的糖转化为脂肪；体脂的减少，可避免因脂肪过多沉积在心脏、血管及肝脏内而引起的合并症（如冠心病、动脉粥样硬化、脂肪肝、糖尿病等）；同时，运动可明显改善心肺功能，增强体力，提高机体的适应能力。

三、运动处方

（一）运动方式及项目

运动减肥主要以有氧（耐力）运动为主，辅以力量性运动和球类运动等。可根据肥胖者的体质和个人爱好选择运动项目，如步行、慢跑等，有条件的可配合水中运动。力量性运动可选择自身体重负荷或器械（如哑铃、拉力器等）负荷训练。单纯性有氧运动与力量性运动之间或之后可穿插球类活动（如羽毛球、乒乓球、网球、篮球等）。

（二）运动强度

1. 有氧（耐力）运动 采用中等强度（相当于 60%～70% HR_{max}）的运动强度。

2. 力量性运动 器械训练采用一次最大重量的 60%～80%，反复 20～30 次，每隔 2～3 周应加大负荷量。

（三）运动时间

1. 中等强度有氧运动 每次运动时间至少 30min，不包括运动前 5～10min 的准备活动和运动后 5min 的整理活动。

2. 力量性运动 每次做 4～6 组，组间歇 30～60s。

（四）运动频率

1. 中等强度有氧运动 每周运动至少 3～5 次。

2. 力量性运动 每日或隔日 1 次。

四、注意事项

1. 运动锻炼前应经医生检查是否有心血管系统合并症，并根据测定的运动、呼吸和循环功能，以及个人的体质状况，选择适当的运动项目和运动负荷。

2. 运动锻炼期间应定期进行医务监督，以便及时调整运动负荷。

3. 运动锻炼的同时，要注意控制饮食，尤其要减少脂肪和糖类食物，必要时还应适当控制饮水量。

4. 运动锻炼时要避免单纯追求减轻体重而任意加大运动负荷，以免引起不良反应。

5. 运动锻炼要循序渐进，长期坚持。

五、实验报告（表 7-8）

表 7-8　肥胖者运动处方

姓名__________　　年级__________　　班级__________　　________年____月____日

运动目的：

运动种类及方式：

运动强度：

1. 中等强度有氧运动：
2. 力量性运动：

运动时间：

1. 中等强度有氧运动：
2. 力量性运动：

运动频率：

1. 中等强度有氧运动：
2. 力量性运动：

注意事项：

考试成绩及评语：

教师签名：______________

________年____月____日

附录　人体活动与能量消耗表

各种活动的能量消耗率　　　　单位：kcal/(m^2 · min) [kJ/(m^2 · min)]

动作名称	能量消耗率	动作名称	能量消耗率
（一）日常生活		剪指甲	0.221（0.925）
睡眠	0.136（0.569）	打扫院子	0.356（1.488）
整理内务、擦地板	0.500（2.094）	**（二）学习、运动和娱乐**	
铺被（准备睡觉）	0.441（1.844）	室内听课	0.215（0.900）
穿脱衣服	0.393（1.644）	听课（有时记笔记）	0.224（0.938）
梳头	0.359（1.500）	听课（经常记笔记）	0.228（0.956）
刮脸	0.374（1.563）	上自习（看书）	0.202（0.844）
洗脸	0.246（1.031）	抄黑板报	0.234（0.981）
洗澡	0.290（1.214）	站立听讲	0.236（0.988）
大小便	0.234（0.981）	站立绘图	0.309（1.294）
休息（躺）	0.187（0.781）	小组讨论	0.222（0.930）
休息（站）	0.258（1.081）	坐着写字	0.255（1.069）
谈话（躺）	0.266（1.113）	念书	0.284（1.188）
谈话（站）	0.251（1.050）	卧床看书	0.193（0.806）
散步	0.356（1.488）	体操（头部运动）	0.299（1.250）
步行（中等速度）	0.400（1.675）	体操（胸部运动）	0357（1.494）
跑步	1.328（5.556）	体操（臂部运动）	0.374（1.563）
上、下楼梯	1.076（4.500）	体操（腹部运动）	0.399（1.669）
刷池子	0.317（1.325）	体操（腿部运动）	0.456（1.906）
收拾衣、鞋	0.426（1.781）	体操（脚部运动）	0.495（2.069）
洗、晒东西	0.493（2.063）	体操（背部运动）	0.512（2.144）
做菜、做饭	0.381（1.594）	女子自由体操技巧动作	5.892（24.653）
清扫楼道	0.862（3.606）	体操（弯体运动）	0.451（1.888）
擦洗玻璃	0.459（1.919）	体操（上肢、跳跃等运动）	0.864（3.513）
洒水	0.445（1.863）	体操（立正）	0.403（1.688）
提水	0.881（3.688）	侧泳（36.56m/min）	1.207（5.050）
搬运器具	0.757（3.169）	蛙泳	1.261（5.275）
站岗放哨	0.299（1.250）	游泳（自由式）	0.969（4.056）
坐着吃东西	0.202（0.844）	仰泳	0.768（3.213）
体操（平衡运动）	0.323（1.350）	越野赛跑	1.424（5.956）
开会	0.194（0.813）	攀登坡度 125.7°（10kg 负重）	1.326（5.550）
打电话	0.269（1.125）	滑雪（平地硬雪、中等速度）	1.655（6.925）
骑自行车（平地一般速度）	0.718（3.006）	骑马（走）	0.368（1.538）
坐火车	0.293（1.225）	骑马（跑）	0.980（4.100）
擦洗食具	0.512（2.144）	骑马（跳跃）	1.135（4.750）
揉面	0.444（1.856）	室外混合运动	0.511（2.138）
给人理发	0.347（1.450）	射箭	0.672（2.813）

续表

动作名称	能量消耗率	动作名称	能量消耗率
男子吊环规定联合动作	4.980（20.836）	女子自行车中速运动	1.555（6.508）
男子双杠规定联合动作	5.642（23.605）	划船（51m/min）	0.551（2.306）
男子单杠规定联合动作	7.720（32.302）	划船（69m/min）	0.859（3.594）
男子自由体操规定徒手全套动作	2.350（9.833）	划船（97m/min）	1.506（6.300）
男子自由体操技巧动作	17.816（74.543）	看电影	0.193（0.806）
男子跳马规定动作	11.385（47.636）	下棋（军棋）	0.359（1.500）
男子鞍马规定联合动作	9.392（39.295）	站着指挥唱歌	0.632（2.643）
女子平衡木规定全套动作	2.001（8.374）	唱歌（站）	0.542（2.269）
女子平衡木技巧动作	3.707（15.509）	跳集体舞	0.963（4.031）
女子自由体操规定徒手全套动作	2.586（10.820）	集体游戏	0.698（2.919）
坐着吹笛	0.317（1.325）	跳绳	0.493（2.063）
坐着拉手风琴	0.284（1.188）	跳舞	0.607（2.538）
坐着弹钢琴	0.359（1.500）	**（三）生产劳动**	
坐着拉提琴	0.388（1.625）	磨镰刀	0.538（2.250）
坐着打扑克	0.329（1.375）	推手车（载重 100kg）	0.666（2.788）
坐着弹风琴	0.462（1.931）	推手车（载重 150kg）	0.940（3.931）
坐着打鼓	0.577（2.413）	锄草	0.711（2.975）
站着指挥演奏	0.336（1.406）	割麦	0.775（3.244）
女子高低杠基本动作	2.562（10.719）	搬运稻草	0.871（3.644）
女子跳马规定动作	12.273（51.350）	打裸麦	0.671（2.806）
单双杠	0.804（3.362）	捆扎小麦	1.016（4.250）
男子网球单打比赛	1.348（5.630）	搭禾堆	0.822（3.438）
男子网球单线定位技术训练	1.336（5.590）	耕荒地（人拉）	1.510（6.319）
男子网球多球技术训练	1.898（7.942）	耕熟地（人拉）	1.471（6.156）
女子网球单打比赛	1.438（6.016）	耕地（用牛）	0.935（3.913）
女子网球单线定位技术训练	1.371（5.737）	驾驶拖拉机耕地	0.627（2.625）
女子网球底线移动技术训练	1.552（6.493）	打稻子	1.231（5.050）
女子网球网前技术训练	1.460（6.107）	插秧	0.807（3.375）
女子网球发球	0.831（3.477）	用斧砍木	1.076（4.500）
打排球（练习）	0.451（1.888）	培土	1.143（4.781）
打排球（比赛）	0.974（4.075）	用手拔草	0.711（2.975）
棒球（接球）	0.503（2.106）	用镰刀割草	0.967（4.044）
打棒球	0.775（3.244）	推车	1.663（6.956）
打篮球（练习）	0.792（3.313）	掘坑	0.961（4.019）
打篮球（比赛）	1.382（5.781）	装车	1.383（5.788）
踢足球	1.149（4.806）	播种	0.807（3.375）
做早操	0.662（2.769）	堆肥	1.126（4.713）
跳箱	1.213（5.075）	园内挖土	1.155（4.831）
摔跤	1.219（5.100）	种花生	0.497（2.081）
男子自行车准备运动	1.090（4.559）	舂米	0.766（3.206）
男子自行车中速运动	1.683（7.040）	抬筐	0.951（3.981）
女子自行车准备活动	1.100（4.604）	铲土	0.904（3.781）

续表

动作名称	能量消耗率	动作名称	能量消耗率
驾驶汽车	0.376（1.575）	切饲料	0.524（2.194）
冲洗汽车	0.617（2.581）	机械锯木	0.345（1.444）
收拾摩托车	0.648（2.713）	锯软质木	0.940（3.931）
收拾工具	0.270（1.131）	硬木钻孔	1.008（4.219）
打扫车库	0.886（3.706）	锯硬木	1.007（4.213）
装卸车轮胎	0.493（2.063）	刨软质木	1.087（4.550）
用起重机吊汽车	0.672（2.813）	刨硬木	1.222（5.113）
混合水泥	0.630（2.638）	包装（装箱）	0.599（2.506）
清洗马体	0.704（2.944）	包装（捆箱）	0.919（3.844）